하느님을 향해
세상을 향해

CARDINAL FRANZ KÖNIG
OPEN TO GOD, OPEN TO THE WORLD

© Christa Pongratz-Lippitt 2005
All rights reserved.

Translated by HUR Jong-yeul

Korean translation Copyright © 2013 by Benedict Press, Waegwan, Korea
This translation is published by arrangement with
The Continuum International Publishing Group Ltd.

하느님을 향해 세상을 향해
2013년 6월 초판
옮긴이 · 허종열 | 펴낸이 · 박현동
ⓒ 분도출판사
등록 · 1962년 5월 7일 라15호
718-806 경북 칠곡군 왜관읍 왜관리 134의 1
왜관 본사 · 전화 054-970-2400 · 팩스 054-971-0179
서울 지사 · 전화 02-2266-3605 · 팩스 02-2271-3605
www.bundobook.co.kr
ISBN 978-89-419-1310-8 03230
값 11,000원

이 책의 한국어판 저작권은
The Continuum International Publishing Group Ltd.와 독점 계약한 분도출판사에 있습니다.
저작권법에 의해 한국 내에서 보호를 받는 저작물이므로
무단 전재와 무단 복제를 금합니다.

프란츠 쾨니히 추기경   하느님을 향해
크리스타 폰그라츠리피트 엮음   허종열 옮김   세상을 향해

분도출판사

70여 년간 내게 큰 기쁨이 되어 준
국제 가톨릭 주간지 『더 태블릿』*The Tablet*에 이 책을 바칩니다.

차례

추천의 말 9

감사의 말 13

머리말 _ 쾨니히 추기경과 '그의' 『태블릿』 15

1 제2차 바티칸 공의회 _ 내 인생의 하이라이트 29

2 교회 내 대화 47

3 교회일치를 위한 대화 67

4 그리스도교와 유다교의 대화 99

5 그리스도교와 이슬람교의 대화 115

6 종교 간 대화 127

7 비신자들과의 대화 137

8 가장 중요한, 하느님과의 대화 151

9 신앙 없는 시대에 하느님께 이끌리는 우리 마음
   _ 1999년 『태블릿』 강연회 163

옮긴이의 말 181

추천의 말

'신앙의 해'를 맞아 우리는 격변하는 오늘의 세상 한가운데에 우리가 어디쯤에 서 있으며 어디로 가야 옳은지 진지하게 묻게 됩니다. 지각 변동을 겪고 있는 이 시대에 신자 개개인이나 가족뿐만 아니라 믿음의 공동체인 교회로서 어떻게 살면 복음이 뜻하는 생명의 진리를 참되이 실현하며 모두를 위한 희망과 구원의 표징이 될 수 있을까 모색하고 있습니다.

이 절박한 물음의 물꼬를 크게 튼 것은 분명 제2차 바티칸 공의회였습니다. 그리고 이 역사적인 공의회가 세상을 향해 활짝 열리도록 그 향방을 돌린 주역의 한 사람이 쾨니히 추기경입니다.

이 큰 어른을 곁에서나마 처음 뵌 것은 1970년대 초반, 빈의 주교댁으로 초대받은 김수환 추기경을 수행할 때였습니다. 그로부터 한 십 년이 지나 로마에서 요한 바오로 2세의 방한 준비 실무를 보던 무렵, 쾨니히 추기경도 머물곤 하던 어느 수녀원에서 가끔 밥상에 마주 앉아 조용히 말씀을 나누는 고마운 인연이 있었습니다. 멀리 동양에서 온 까마득한 이 후배에게 보인, 종교학 대가이기도 한 그 어른의 다정한 관심에 몸둘 바를 몰랐던 기억이 새롭습니다.

쾨니히 추기경 필생의 보람인 공의회의 시야에서 부단한 헌신과 진정한 '대화'라는 열쇠로 교회 안팎을, 유다교와 이슬람교를 넘어, 타 종교와 비신자, 아니 무신론과 탈종교의 세계마저 모두 아우르는 탁 트인 깊은 생각과 따뜻한 마음을 그의 만년의 자술서를 통해 우리도 이제 배우게 되었음은 참으로 고마운 일입니다.

『하느님을 향해 세상을 향해』는 신앙의 근본인 복음과 우리 시대 교회의 보화인 공의회가 제시한 정신과 생명의 진리를 어떻게 하면 참되이 지키면서 새롭게 살아 낼지를 가리키는 소중한 길라잡이입니다.

전통적으로 종교다원사회라는 토양 위에 살면서도 오늘 이 시대의 온갖 격랑과 혼미에 처한 이 나라의 우리들에게는 더더욱 값진 거울이 되리라 믿습니다.

"공의회의 참된 시기, 교회의 봄은 아직 오지 않았다"고 베네딕도 16세는 말했습니다. 그렇습니다. 이제부터가 우리들의 몫입니다. 그러나 "두려워하지 마십시오"(마태 28,10). 제자들이 엠마오를 향해 막막하고 암담한 심경으로 내려가던 길에서 걸음을 함께하신 주님, 날도 이슥하고 저물어 갈 때 밥상의 나눔에서 비로소 알아뵌 주님, 바로 부활하신 그 주님께서 우리와 함께 끝까지 머물고 계십니다.

어려운 아이들을 돌보고 있는 루마니아의 어느 신부를 위해 쾨니히 추기경이 지은 '신경'信經의 한 대목입니다.

다른 언어를 말하고 다른 신앙을 가진

많은 사람이 당신을 향해 가고 있습니다.

당신을 찾는 모든 사람이 당신 안에 살게 해 주십시오.

그들은 모두 당신의 말씀을 기다리고 있습니다.

그들로 하여금 사랑의 진리를 찾게 해 주십시오.

장익 십자가의 요한 주교
✝ 장 익 요한

감사의 말

크리스타 폰그라츠리피트

『더 태블릿』(이하 『태블릿』으로 약칭)에서 일하는 나의 동료들에게 특별히 큰 신세를 졌습니다. 40년 동안 해외를 떠돌다 온 내가 요즘 영어를 구사하게 될 때까지 참을성 있게 도와준 사람들입니다. 오랜 벗이기도 한 메리 스튜어트에게도 진심으로 감사합니다. 그녀는 현재 『태블릿』의 고문서 보관소가 있는 스트로베리 힐까지 가서, 전쟁 당시 발행된 신문들에서 발췌한 내용들을 일일이 베껴 왔습니다. 현대 문명을 좋아하지 않아 텔레비전도 없는 그녀가, 내가 원고를 검토하게 하려고 팩스를 구입하는 모습에 나는 너무나 감동했습니다. 또 중국 방문에 관한 쾨니히 추기경의 논문을 입수하는 데 힘을 써 준 케스턴 연구소의 맬컴 워커에게도 감사의 마음을 전합니다. 그리고 마지막으로, 여러 해 동안 쾨니히 추기경의 오른팔이었던 안네마리 펜츨 박사의 도움과 협력에 다시없는 고마움을 표합니다.

머리말
쾨니히 추기경과 '그의' 『태블릿』

크리스타 폰그라츠리피트

프란츠 쾨니히 추기경에 대한 이야기를 내가 처음 들은 것은 1956년이었다. 그때 나는 런던 육군성에서 일하고 있었는데, 오스트리아에서 온 친구 하나가 '중대한 뉴스'가 있다며 전화를 걸어왔다. '정말 훌륭한 성직자' 프란츠 쾨니히가 빈 대주교에 임명되었다는 것이다. 3년 뒤 나는 오스트리아인 아내와 결혼해 오스트리아로 영구이주했다.

1962년, 로마를 방문하여 친척 아주머니 댁에 머물게 되었다. 그분 남편이 그 당시 바티칸 주재 네덜란드 대사였는데, 우리의 대화 주제는 물론 바티칸에 대한 이야기였다. 그분들은 우리가 그곳에 있는 동안 여러 번 만찬을 베풀었는데, 한번은 내가 독일인 몬시뇰 옆에 앉게 되었다. 오래전 일이라 성함은 잊었지만 그분은 저녁내 쾨니히 추기경 얘기를 하면서, 오스트리아에서 우리가 그토록 지혜롭고 훌륭한 추기경을 가지게 된 것이 너무나 행운이라고 했다. 쾨니히 추기경이 여러 나라 말을 유창하게 구사하며 러시아어를 독학하기까지 했다는 말에 나는 호기심이 동했다. 나도 옥스퍼드에서 러시아어를 공부한 적이 있었기 때문에 누군가 독학으로 러시아어를 막힘없이 한다는 사실이 퍽 인상적이었다(나중에 추기경께 직접 들은 바로는, 학교를 졸업하자마자 러시아어 문법책 한 권을 구입했지만 별 진전을 보지 못하다가 프랑스에서 훌륭한 원어민을 한 사람 만났다고 한다). 그 후로 줄곧 나는 추기경이 발표하는 글이나 라디오 연설에 무조건 주목하기 시작했다. 1960년대 후반부터 신문에서 스크랩한 추기경의 기사들은 이제 누렇게 변색하고 부스러질 지경에 이르렀다. 특히 나는 냉전 시대에 그가 동유럽을 여행한 일에 관심이 있었다.

추기경과 직접 알게 된 것은 1980년대 후반, 내가 빈 주재 『태블릿』 특파원이 되었을 때다. 처음 참석한 어느 기자회견이 끝나자 추기경이 내게 다가와 영어로 말을 건넸다. "드디어 『태블릿』이(그는 정관사를 붙이지 않았다) 빈에 특파원을 보냈군요. 정말 반갑습니다! 오래 계실 겁니까?" 내가 빈에 상주하고 있으며 '세계적 빅뉴스'가 있으면 '가끔씩' 『태블릿』에 기사를 보내야 한다고 하자, 추기경은 교회 뉴스에 관한 한 빈은 '상당히 조용한 곳'이라고 답했다. 그러면서 그는 종종 나랑 통화하며 『태블릿』에 대해 이런저런 얘기를 하면서 영어 실력을 좀 쌓아도 되겠느냐고 물었다. 그 후로 추기경은 정기적으로 내게 전화를 걸어왔다. 그는 로마에서 공부하던 1920년대 후반부터 전시를 제외하고는 『태블릿』을 쭉 읽어 왔으며, 1936년부터 1967년까지 편집자였던 더글러스 우드러프와는 매우 잘 알고 지냈다고 한다.

제2차 세계대전 당시 '하일 히틀러!'(히틀러 만세!)를 외치는 경례를 거부하여 나치에 의해 처형당한 오스트리아 사제 야코프 가프 신부가

1996년 시복되었다. 쾨니히 추기경은 가프 신부의 죄목 가운데 하나가 에스파냐에서 『태블릿』을 배부했기 때문이라고 했다. 나는 추기경의 부탁을 받아, 다음번 런던에 다녀오는 길에 전쟁 때 발행된 신문 몇 부를 복사해 드렸다. 그는 신문을 꼼꼼히 살펴보더니, 나치의 비밀경찰 게슈타포에 체포당하기 직전에 때마침 경고를 받고 이탈리아로 피신한, 자신이 아는 슬로베니아 사제에 관한 상세한 기사를 찾아냈다. 게슈타포 요원의 경고에 따르면 히틀러가 모든 유다인뿐 아니라 가톨릭 사제들도 몰살할 계획인데, 사제가 존재하고 미사를 드리는 바로 그 자체가 반反나치 선동으로 간주된다는 것이 그 이유였다. 그 신부가 도망치지 않았더라면 사제와 수도자들을 '개처럼' 취급하는 집단 수용소로 보내졌을 것이다.

"그 당시에 '나의' 『태블릿』을 읽지 못했더라면 어떻게 되었을까!" 추기경은 조용히 말했다. "실제 상황에 대해 조금이라도 소식을 듣는 것은 극히 드문 경우였습니다. 우리 중 한두 사람이 BBC 방송을 들을 수 있을 때뿐이었지요. … 정말 끔찍한 시절이었습니다!"

쾨니히 추기경은 영국이라는 나라와 영어와 영국식 생활 방식을 매우 좋아했다. "나는 주민 전부가 가톨릭 신자이고 독일 말만 쓰는 니더외스터라이히의 작은 마을 출신이라, 1930년대 초반에 처음으로 영국을 방문했을 때 그 웅장하고 광대한 세상의 분위기에 무척 감동을 받았던 기억이 생생합니다. 어느 순간 나는 인도와 오스트레일리아와 캐나다와 남아프리카를 유럽보다 더 잘 알면서 또 대부분 가톨릭 신자가 아닌 사람들에 둘러싸여 있었습니다."

머리말 **17**

가장 감명 깊었던 것은 영국 사람들의 관용(톨레랑스)이었다고 추기경은 늘 말했다. 그리고 물론 가장 그의 관심을 끈 것은 영국 가톨릭교회의 위상이었다. 오스트리아에 있는 교회의 위상과는 달라도 너무 달랐다. 성공회에서 개종한 사람들도 그의 마음을 사로잡았다. 그는 존 헨리 뉴먼 추기경을 매우 존경하여 뉴먼 추기경이 살았던 리틀모어를 여러 차례 방문했으며, "가끔은 정말로 뉴먼 추기경이 제2차 바티칸 공의회에 참석해 있는 듯한 느낌이 든다"고 말한 적도 있다.

추기경이 내게 전화를 할 때는 질문이 쏟아지게 마련인지라 나는 언제나 『태블릿』을 가까이 두게 되었다. "702쪽에 있는 글 읽어 봤어요? 정말 흥미진진합니다! 필자가 누구요? 태중 교웁니까, 개종한 사람입니까? 그 사람 좀 찾아 줄 수 있어요? 편집자 윌킨스 씨에게 그 사람 연락처를 좀 물어봐 주시겠습니까?" 그런 다음엔 추기경과 그 필자 사이에 서신이 활발히 오가곤 했다.

언젠가 종교 간 대화에 관한 인터뷰를 진행할 때 요한 복음이 필요해서 성경이 내장된 휴대용 캐논 전자사전을 가지고 가자 추기경이 즉시 물었다. "그게 뭡니까?" 나는 전자사전에 내장된 성경에 관해서, 또 동시대의 유명 저술가들(신자가 아닌 이들도 있었다)이 그 사전을 어떻게 이용하고 있는지 알려 주었다. 추기경은 얇고 자그마한 전자사전을 두 손에 들고 환하게 웃으며 말했다. "얼마나 멋진 아이디어입니까! 항상 호주머니에 넣어 가지고 다닐 수 있겠습니다." 그리고 그 자리에서 바로 주문을 했다. 그러고도 나는 평소와 같은 질문 공세를 피할 도리가 없었다. "그 사전은 누가 편집했나요? 어떻게 그런 기발한 아이디어를 생각해 냈답디까? 그 사람 신잡니까?" 그러고 나서 추기경은 '눈으로 보는 구원'이라는 전시회의 카탈로그를 살펴보더니, 당시 국립 미술관 관장으로 그 전시회를 마련한 닐 맥그리거에게 편지를 써야겠다고 고집을 피웠다.

쾨니히 추기경과 편집자 사이에 중개자 역할을 하는 것이 언제나 쉬운 일은 아니었다. 한번은 유난히 까다롭고 미묘한 갈등으로 추기경과의 인터뷰가 지체되자 편집자가 전화로 내게 말했다. "당신이 추기경을 어떻게 좀 해 줄 수 없소?"

저녁 늦게야 추기경과 연락이 되었다. 추기경은 빈에서 몇 마일 떨어진 산속의 호텔에 묵고 있었다. "나더러 그만 좀 하란 말이지요? 무슨 뜻인지 알겠습니다. 평화를 사랑하는 추기경에게는 좀 도전적으로 들립니다만 어디 한번 해 보지요." 그는 온화한 태도로 참아 냈고, 우리는 마감 시간을 정한 뒤 인터뷰에 들어갔다. 그러나 우리가 얘기를 끝냈을 때는 거의 한밤중이었다.

쾨니히 추기경은 왕성한 독서가여서 같은 주제의 책 두 권을 동시에 읽곤 했다. 그는 『태블릿』의 서평란을 특히 관심 있게 보면서 종종 나한테 책을 주문해 달라고 부탁했다. 1998년 1월, 예수회 자크 뒤피 신부의 『종교 다원주의의 그리스도교 신학을 위하여』*Toward a Christian Theology of Religious Pluralism*에 대한 서평이 『태블릿』에 실리자마자 추기경은 내게 전화를 걸어, 그 책을 당장 읽고 싶으니 되도록 빨리 보내 달라고 했다. 책을 다 읽고는 또 전화로, 매우 흥미로운 내용이었으며 현대의 종교 간 대화에 크게 이바지하는 책이 될 것이라는 소회를 밝혔다.

그런데 불과 몇 달 뒤인 그해 11월, 바티칸 신앙교리성은 뒤피 신부가 책에서 밝힌 몇몇 견해에 대해 조사를 시작했다. 쾨니히 추기경은 내게 즉각 전화를 걸어『태블릿』을 통해 뒤피 신부를 옹호하고 싶다는 뜻을 밝혔다. 침착한 성품이라 좀처럼 감정을 드러내지 않는 그였지만, 뒤피 신부가 쓰러져 병원으로 실려 갔다는 소식을 듣고는 매우 불편한 심경을 분명히 드러냈다. 그 후 며칠 동안 우리는 1999년 1월 16일 자『태블릿』에 실을 '뒤피 신부를 옹호하며'라는 글을 준비했다. 그리고 3월 1일 새벽에 나는 편집자 윌킨스의 전화를 받았다. 그는 신앙교리성 장관 요제프 라칭거 추기경이 쾨니히 추기경에게 보내는 편지의 영문 번역을『태블릿』에 실어 달라는 요청을 받았다고 했다.

나는 잠시 고민했다. 라칭거 추기경의 편지를 쾨니히 추기경도 받았을 테니 그에게 전화를 걸어, 그가 라칭거 추기경의 편지에 답장을 쓰고 두 편지를 다음 호『태블릿』에 함께 실으면 어떨지 물어볼까? 얼마 후 내가 전화를 걸어 상황을 설명하자, 추기경은 잠시 고민하는 듯하더니 평소보다 훨씬 더 잔잔하게 말했다. "금년 들어 처음 맞는 화창한 봄날이군요. 나는 지금 멀리 산책을 가 볼 참인데 당신도 좀 나가 보시지요. 그 문제에 관해서는 생각해 보겠다고 윌킨스 씨에게 전해 주시고, 해가 지거든 나한테 전화하라고 해 주세요."

그날 저녁 추기경은 내게 독일어로 된 짧은 답신을 전화로 불러 주었다. 그것을 영문으로 번역하고 함께 검토한 뒤 런던에 메일로 보냈다. 두 편지가 동시에『태블릿』에 실렸고 적잖은 물의를 일으켰다. 추기경 둘이『태블릿』에서 의견을 달리하는 것은 분명 예삿일은 아니었다.

2003년 7월, 자크 뒤피 신부가 빈에 왔다. 그는 사적으로 만난 적이 없는 쾨니히 추기경이 자신을 옹호해 준 데 대해 크게 고마워했다. 추기경은 나더러도 점심을 함께 하자고 했다. 식사를 마치고 그들은 커피를 마시면서 세 시간에 걸쳐 종교 간 대화의 미래와 뒤피 신부가 최근에 낸 책 『그리스도교와 또 다른 종교들』Christianity and the Religions에 대해 의견을 나누었다.

뒤피 신부는 자기 책을 조사한 일 때문에 여전히 상처가 컸다. 그는 추기경이 지지해 준 것에 대해 무척 고마워하는 기색이 역력했으며 앞으로도 그래 주기를 바라는 것 같았다. 그날의 대화를 기록하는 일은 그때까지 내가 해 본 작업 가운데 가장 어려운 일이기도 했다. 기온이 섭씨 40도에 육박하는 찜통 같은 날이었다. 뒤피 신부가 독일어를 몰랐기 때문에 그들은 영어로 이야기했다. 그런데 영어도 그들의 모국어가 아니어서 간혹 이탈리아어나 프랑스어가 끼어들었다. 추기경은 특히 어려운 표현을 내게 독일어로 설명해 주며 영어로 번역해 달라고 부탁했다. 나는 세 시간에 걸친 기록을 멋지게 완수했다. 지금은 그 두 분 다 세상에 없지만, 그날의 기록은 언젠가 역사적 주목을 받게 될지도 모른다.

『태블릿』에 실린 추기경의 글에 대해 전 세계로부터 독자들의 반응이 날아오기 시작했다. 한번은 내 전화 응답기에서 추기경이 남긴 다음과 같은 메시지가 흘러나왔다. "『태블릿』이 나를 '태블릿 스타'로 만들고 있어요. 하지만 나는 스타가 아닙니다. 당신은 어째서 내 하고많은 결점은 밝히지 않는 겁니까?"

1999년, 웨스트민스터 대교구장인 흄 추기경이 영혼이 몸에서 분리되는 유체 이탈을 경험하는 사건이 일어나자 쾨니히 추기경은 흥분을 감추지 못했다. "추기경 본인이나 교회에 얼마나 큰 영광입니까!" 전화로 이렇게 말하면서 그는 나더러 전보 문안 작성을 도와 달라고 했다. 거의 반 시간 동안 그의 말을 받아쓰고 나서 나는 전보 요금이 꽤 많이 나올 것이라고 알려 주었다. "아이고, 그걸 생각 못했구나! 그래도 흄 추기경은 분명 그 정도 가치가 있지 않습니까?" "그럼요!" 하며 나도 맞장구쳐 주었다. 요금이 얼마나 나올지는 내가 전화교환원에게 알아보고 그에게 전화해 주기로 했다.

교환원이 영어를 전혀 몰라서 참을성 있게 한 글자씩 불러 주어야 했다. 교환원이 말했다. "비용을 엄청 부담하셔야 할 거예요. 그리고 어차피 화요일 전에는 전보가 도착 못할 겁니다. 영국에서는 마감 시간이 지나면 전보를 취급하지 않거든요." 그날은 토요일이었다.

추기경은 화가 났다. 화요일이라니, 그날 당장 전보가 가야 했다. 유일한 대안은 팩스로 보내는 것이라고 내가 말했다. "좋아요. 그렇게 합시다!" 그런데 한 가지 문제가 있음을 그에게 상기시켜 주어야 했다. 팩스에는 그의 서명이 필요했다. 그래서 생각을 바꾸려는데, 잠시 뜸을 들이던 추기경이 말했다. "당신에게 좀 실망인데요. 내 서명을 많이 가지고 있지 않소? 종이에다 '프란츠 쾨니히 추기경'이라고 연습하세요. 삐뚤빼뚤하게 쓰는 거 잊지 마시고요. 흄 추기경은 조금도 신경 쓰지 않을 겁니다. 내가 보증하지요!" 몇 주 후에 흄 추기경이 선종했다. 쾨니히 추기경은 무척 슬퍼했다. "우리는 공통점이 많았습니다."

그해 가을, 쾨니히 추기경은 『태블릿』 강연회의 초청 연사가 되었다. 우리는 9월 초에 함께 런던으로 날아갔다. 추기경이 말년에 한 모든 여행에 동행해 온 빈 대교구 문서국장 안네마리 펜츨 박사도 함께였다. 우리는 첫 비행기를 타기 위해 터무니없이 이른 시간에 일어나야 했다. 왜 그렇게 일찍 떠나야 하느냐고 추기경에게 물었더니, 런던에서 조찬 약속이 몇 개 있는 데다가 나흘간의 일정도 빡빡하다는 대답이 돌아왔다. 빈 공항에서는 하마터면 추기경을 놓칠 뻔했다. 아는 사람들과 담소하기 위해 일행을 벗어나 돌아다니는 버릇 때문이었다. 출발하기 전에 그는 이미 아침 식사를 했지만 비행기에서도 양껏 식사를 즐기더니 스크램블드에그를 한 접시 더 청하기까지 했다. '아침은 제왕처럼, 점심은 친구들과 더불어, 오후 4시 30분 이후로는 금식'이 그가 말년까지 고수한 원칙이었다.

추기경의 첫 방문지 중 하나가 웨스트민스터 대성당이었다. 그는 성 아우구스티누스 경당에 안치된 흄 추기경의 유해 앞에서 오랜 시간 기도한 다음 그 지하실에서 미사를 봉헌했다. 미사를 마치고 우리가 대성당 계단에 서서 9월의 따사로운 햇볕을 받고 있을 때 추기경이 깊은 숨을 들이쉬며 말했다. "나는 왜 항상 이 나라의 공기가 다른 어느 곳보다 훨씬 자유롭게 느껴지는지 모르겠어요."

우리가 런던에 도착한 첫날 오스트리아 대사관이 그를 위해 베푼 오찬에서, 쾨니히 추기경은 1930년대에 젊은 보좌신부로 처음 영국을 방문했던 어느 날 성공회 주일미사에 참석한 일을 회상했다. 그 미사가 가톨릭 미사와 너무나 흡사한 것에 놀란 그는 미사가 끝난 후 제의

실로 찾아가 본당신부에게 자신을 소개한 다음 무슨 차이점이 있는지 물었다. 본당신부는 잠시 생각하더니 미소를 지으며 대답했다. "차이가 있지요. 우리는 헌금을 한 번 하지만 당신들은 두 번 하지 않소!"

다음 날 우리는「선데이 리뷰」The Sunday Review와 인터뷰를 하기 위해 ITV(Independent Television: 영국 최대의 민영방송 — 옮긴이) 스튜디오로 향했다. 추기경은 어째서 그토록 많은 사람이 교회를 떠나고 있는지에 관해 인터뷰할 예정이었다.「태블릿」강연회 연설과 같은 주제였다. 펜츨 박사와 나는 옆방에서 인터뷰를 지켜보고 있었는데, 갑자기 진행자가 전혀 뜻밖의 질문을 추기경에게 던졌다. 영국 정부는 10대 임신이 증가하는 상황을 매우 우려하고 있다면서, 최근에야 캔터베리 대주교가 "경구피임약이 젊은이의 임신을 막는 데 도움이 되는 중요한 해결책이 될 수 있다"고 말한 바 있다고 진행자는 설명했다. 젊은 그리스도교 신자들을 혼란스럽게 하는 것은 아닐까 염려스러웠지만 그것은 기우였다. 추기경은 눈 하나 깜짝하지 않고, 영국 정부와 교회가 윤리 문제를 논의하는 것은 매우 바람직한 일이고 가장 관심이 필요한 일이라고 생각한다면서, 불행히도 오스트리아에는 아직 그런 움직임이 없다고 답변했다.

스튜디오에서 호텔로 돌아오는 차 안에서 추기경은 갑자기 다음 일정을 바꾸었다. 이른 점심 식사 후 낮잠을 자는 대신 특별히 만나고 싶은 친구에게 전화를 걸어 다 함께 점심 식사를 하러 나갈 것이라고 했다. 호텔에 도착하니 정오였다. 외출 채비를 하러 방으로 올라가기 전에 추기경은 나를 돌아보며 말했다. "걸어서 갈 수 있는, 어디 아주 가까운 작은 이탈리아 식당이면 좋겠군요. 고급스러운 집일 필요는 없지만, 그래도 손님이 너무 많지 않고 주인이 이탈리아 사람이면 좋겠습니다. 그래야 우리가 담소를 나눌 수 있겠지요. 한 20분 후에 봅시다." 나는 로비에 선 채 중얼거렸다. "가까운 곳, 손님이 적은 곳, 주인이 이탈리아 사람, 20분 후…." 멍한 상태로 호텔 직원에게 다가가 가까스로 용기를 내어 도움을 구했는데, 정말 운이 좋았다. 아주 가까운 곳에 작은 이탈리아 식당이 있었고, 주인도 이탈리아인이었다. 주인이 이탈리아식으로 두 팔을 벌려 추기경을 맞이하자 그는 몹시 즐거워했다.

그날 저녁, 추기경이 영국국교회 본부인 '처치 하우스'Church House에서 강연을 마치고 환영 파티가 열리는 방으로 가는 도중에 우리를 안내하던 편집자가 길을 잃어버렸다. 다 같이 지하층을 헤매고 다니는 동안 추기경은 퍽 유쾌해했고 이후로도 종종 이때 얘기를 하곤 했다. 그러다 결국 우리는 시노드 홀로 들어섰다. "이곳이 여성 사제 서품을 결정한 곳이로군." 추기경은 호기심에 차 둘러보며 말했다. "나는 지금 역사적인 땅을 밟고 있어요."

나는 추기경의 저작 몇 편을 영어로 출판하게 하려고 수년 동안 애써 설득했지만 그는 머리를 내저었다. 그래도 마침내 나는 독일어권에서만 책을 내는 것은 전혀 공평하지 못하다며 그를 설득하는 데 성공했다. 2003년 여름, 추기경은 영어로 출판할 사람을 찾아봐 달라고 내게 부탁했고, 내가 런던에서 적임자를 찾았다는 소식을 전하자 그는 흥분을 감추지 못했다. 그해 8월, 추기경은 넘어져 엉덩이를 다치는 바람에 고관절 치환 수술을 받아야 했지만 놀라울 만큼 회복이 빨라 11월에는 모든 일과를 소화해 냈다. 그래도 복도 계단을 내려올 때는 직원의 부축을 받아야 했다. "주교 수행원이 목발 노릇을 하게 될 줄 누가 알았겠소!" 수술 후 처음 나선 산책 길에 그는 말했다.

나는 쾨니히 추기경이 선종하기 3주 전에 마지막으로 그와 인터뷰를 했다. 그 후로도 그가 부를 때마다 찾아가서 담소를 나누거나, 그가 무척 좋아하는 『태블릿』의 칼럼 「살아 있는 성령」The Living Spirit에 실린 글을 읽어 주었다. 그는 뉴먼 추기경이 쓴 글을 있는 대로 찾아오라고 항상 내게 부탁하곤 했다. 내가 마지막으로 찾아갔을 때, 추기경은 자신의 조물주에게 물어봐야 할 긴 질문 리스트에 방금 질문 하나를 더 추가했다고 말했다. 그는 그것이 첫 질문이 될 것이라고 했다. "그토록 많은 사람이 극심한 고통 속에서 무서운 죽음을 맞이하는데, 어째서 내게는 이렇게 특전이 주어진 죽음을 허락하시는지 그 대답을 꼭 듣고 싶습니다." 내 얼굴이 어두워지자 그는 말을 이었다. "그 대답은 우리가 상상하는 것과는 완전히 다를 겁니다. 아마도 경이로운 것이겠지요. 앞으로도 충실하게 『태블릿』을 지켜 나가겠다고 약속해 주세요. 교회에 정말 중요한 일입니다." 선종 일주일 전에는 왜 아직 『태블릿』이 오지 않느냐고 재촉하더니 이튿날 도착한 『태블릿』을 쭉 훑어본 추기경은 그로부터 사흘 뒤, 잠이 든 채 평화로이 숨을 거두었다.

내가 한 인터뷰가 추기경의 뜻에 부합하고 오류가 없는 것이기를 바란다. 우리는 함께 일하는 데 매우 익숙했다. 그는 종종 중간에 말을 끊고 "당신이 다 쓴 후에 다시 검토해 봅시다" 하고 말하곤 했는데, 함께 원고를 검토할 사람이 갑자기 사라졌다. 그는 나의 인생뿐 아니라 많은 사람의 인생에 큰 공백을 남겨 놓았다.

이 머리말을 추기경 자신의 마지막 대림시기였던 2003년 11월, 게오르크 슈포르실 신부를 위해 그가 직접 쓴 신경으로 마무리한다면 추기경도 흡족해할 것 같다. 그가 칭송해 마지않는 이 예수회 사제는 루마니아와 몰도바에서 거리의 아이들을 돌보고 있다.

내 생의 그믐날 밤에 _ 게오르크 신부를 위한 기도

저는 우리의 아버지 하느님,
하늘과 땅을 창조하신 분을 믿습니다.
다른 언어를 말하고 다른 신앙을 가진
많은 사람이 당신을 향해 가고 있습니다.
당신을 찾는 모든 사람이 당신 안에 살게 해 주십시오.

저는 이 덧없는 세상에서 하느님 왕국을 선포하신
예수 그리스도를 믿습니다.
당신의 목소리를 들으려고 애쓰는 모든 사람,
강한 자와 약한 자,
늙은이와 젊은이를 도와주십시오.
그들로 하여금 당신을 섬기게 하시어
서로가 형제자매임을 깨닫게 해 주십시오.

저는 우리의 착한 생각을 굳건히 해 주시는

성령을 믿습니다.

묻고 찾는 모든 사람뿐 아니라

알고 있는 사람들까지 저는 당신께 맡깁니다.

그들은 모두 당신의 말씀을 기다리고 있습니다.

그들로 하여금 사랑의 진리를 찾게 해 주십시오.

제 생의 그믐날 밤에

사랑하는 하느님,

당신께 감사드립니다.

당신은 나그넷길 내내 저의 교회와 함께하십니다.

당신 사자使者들이 우리 아이들을 보호하고 인도하게 해 주십시오.

당신의 천사들이 아이들과 함께하도록 도와주십시오.

그래서 세상의 모습을 새롭게 하시고

더 평화롭게 해 주십시오.

저 자신과 우리 모두의 생명을 당신 손에 맡깁니다.

1

제2차 바티칸 공의회

내 인생의 하이라이트

공의회 소집은 교황의 구상이었지만 그때는 아무도, 누구보다 교황 자신부터가 교회를 위해서나 참으로 온 세상을 위해 그 공의회가 지니게 될 엄청난 의미를 짐작조차 하지 못했다. 소박한 사람, (어쩌면 계획에 없었던) 농부의 아들이라고 스스로를 칭하던 요한 23세가 공의회를 소집해야 한다고 판단했다. 그리하여 로마 가톨릭교회의 중대한 분수령으로 입증될 사건을 촉발시켰다. 교회를 변화시킴으로써, 독백만 하는 정적이고 권위적인 교회에서 대화를 중시하는 역동적이고 자매다운 교회로 탈바꿈하는 쇄신에 시동을 건 인물이 바로 교황 요한 23세였다. 그 자신이 대화하는 사람인 요한 23세는 세상과의 대화, 교회 내에서의 대화의 중요성을 거듭 강조했다.

나는 요한 23세를 자주 만났다. 날마다 맞닥뜨리는 고된 업무들 앞에서 그분이 보여 준 솔직하고 쾌활한 모습과, 언제든 대화에 임할 준비가 되어 있으면서 쉽게 전해지는 그분의 유머 감각을 결코 잊지 못할 것이다. 제2차 바티칸 공의회는 이 교황 요한 23세란 인물과 결코 따로 떼어 생각할 수 없으리라.

1959년 1월, 공의회를 소집해야 하느냐 마느냐를 놓고 미처 결단을 내리지 못하고 있는 동안, 때때로 교황은 스스로의 용기에 놀라워하는 듯했다. 사적인 접견에서 그가 내게 다음과 같은 사실을 털어놓은 것은 공의회 소집을 공표한 직후였다. "올 1월 교회일치를 위한 기도 주간에, 그리스도 교회늘이 갈라진 가슴 아픈 현실을 고민하다가 문득 공의회를 소집해야겠다는 생각이 떠올랐습니다. 처음에는 악마가 나를 유혹하고 있다고 생각했어요. 현 시점에서 공의회는 너무 방대하고 복잡한 기획인 것 같았으니까요. 하지만 그 주간 내내 기도를 하면서 그 생각을 떨칠 수가 없었습니다. 생각은 마음속에서 점점 더 확고하고 분명해져 갔습니다. 마침내 나는 혼자 중얼거렸답니다. '이것이 악마의 유혹일 리가 없지. 성령께서 내게 영감을 주고 계신 것이 틀림없어.'" 그는 재빨리 움직였다. 바로 직후인 1959년 1월 25일, 교황은 성 바오로 대성당에서 미사를 봉헌한 후, 추기경단 앞에서 공의회 소집을 선언했다.

개혁의 필요성을 절감하고 있던 우리 추기경들로서도 그것은 청천벽력과 같은 사건이었다. 나는 이제 막 추기경이 된 상황이었다. 나중에 바오로 6세가 된 몬티니 추기경를 포함한 여러 사람과 함께, 나는 요한 23세가 처음 임명한 일군의 추기경들 가운데 속해 있었다. 당시에 나는 이런 생각을 했던 것으로 기억한다. '공의회를 어떻게 운영해 나갈 것인가? 교회 내 개혁만 다룰 것인가, 아니면 인류 전체와 관련되는 문제들도 다룰 것인가? 전 세계에서 모인 주교들이 개혁에 관한 의견 일치에 도달할 수 있을까? 그때 우리 추기경들이 마음속으로 어떤 생각을 하고 있었는지 이해하기 위해서는, 공의회 이전의 교회가 어떤 모습이었는지 잠시 돌이켜 볼 필요가 있을 것이다.

세상 속으로 들어가 다른 나라와 다른 종교들을 알고 싶다는 욕구를 나는 항상 가지고 있었다. 1930년대에 젊은 보좌신부로서 영국을 방문한 나는 다른 그리스도 교회들과 그들의 신앙을 접하고 마음이 홀렸었다. 국민 대부분이 가톨릭 신자인 오스트리아와는 달리, 거기서는 성공회 신자, 침례교 신자, 감리교 신자, 퀘이커 교도 등을 만날 수 있었다. 나는 영국 남부에 있는 어느 로마 가톨릭 본당 사제관에 묵고 있었는데, 바로 옆에 성공회 수녀원이 있다는 것을 알게 되었다. 본당 사제에게 수녀들을 방문하고 싶다고 말하자 그는 즉시 응답했다. "안 됩니다, 절대 안 돼요. 조심해야 합니다. 교회일치운동ecumenism을 부추기는 것처럼 보일 수도 있어요."

"알겠습니다." 나는 서글픈 생각이 들었다. '그런데 왜, 도대체 왜 안 되는 겁니까?' 그 사제가 보인 반응은 전형적인 것이었다. 로마 가톨릭교회는 교회일치운동을 두려워했다. 나중에 주교가 되어 사목 방문을 할 때, 나는 많은 가톨릭 신자가 비가톨릭 신자들에 대한 비난을 껄끄러워하면서 교회일치운동에 대한 교회의 입장이 변하기를 열망한다는 사실을 이내 알게 되었다. 그들 중 많은 이가 비가톨릭 신자들과 결혼했거나 직장에서 함께 일하고 있었다. 로마 가톨릭교회 밖에서는 이미 교회일치운동이 거세게 일어나고 있는 반면, 우리 가톨릭 신자들은 거기에 참여하는 것을 저지당하고 있었고, 교회일치를 도모하는 모임이나 관련 토론회조차 참석이 금지되어 있었다. 우리는 출입구가 봉쇄된 요새 안에 있었다. 세상은 저 바깥에 있고 우리는 안에 있었다. 그런데 우리는 밖으로 나가 모든 민족에게 복음 메시지를 전해야만 했다. 고개를 갸웃거리면서도 우리는 현 상황과 모든 규칙과 규정에 순응했고, 따라서 장벽을 없앨 수 있는 기미는 전혀 보이지 않았다.

공의회 소집이 발표되고 얼마 안 있어, 나는 모든 공의회 교부가 신학 고문, 이른바 상담역 신학자peritus를 대동하고 공의회에 참석할 수 있다는 얘기를 들었다. 당장에 나는 평소 잘 아는 예수회 신부 칼 라너에게 전화를 걸어 나와 함께 로마에 가자고 부탁했다. 나는 전반적 관계를 보다 잘 파악하도록 나를 도와줄 뿐 아니라, 그리스도교적 세계관으로서의 신앙을 오늘날의 사람들에게 잊지 못할 만큼 감동적인 방법으로 제시하도록 도와줄 신학자가 필요했다. 우리의 사명은 신앙을 닫힌 문 안에 가두어 두는 것이 아니라 세상 속으로 들어가 복음 메시지를 선포하는 것임을 라너는 확신하고 있다고 나는 생각했다. 그런데 내가 동행을 부탁하자 그는 기겁했다. "지금 무슨 생각을 하십니까? 로마 교황청은 제가 쓴 글을 진작부터 아주 불안해했습니다. 그런 제가 공의회 신학자로 나타나면 그들이 뭐라고 할지 상상해 보십시오!" 그러면서 그는 부탁을 거절했고, 나는 좀 더 생각해 보라고 당부하면서 나중에 다시 연락하마고 했다. 다시 전화했을 때 라너는 말했다. "좋아요, 가겠습니다. 하지만 책임은 추기경님이 지셔야 합니다! 오타비아니 추기경이 저를 보면 무슨 일이 벌어질지 몰라요!"

교황 비오 12세 때 성무성성(현재의 신앙교리성) 장관이던 보수파 오타비아니 추기경을 나도 익히 알고 있었다. 교황 비오 12세가 저녁 미사를 허용한 직후 그를 우연히 한 번 만난 적이 있다. 내게 다가오더니 그는 말하기를, "최근에 나온 소식 들었습니까? 우리는 이제 저녁에 미사를 봉헌할 수 있습니다. 저녁 미사가 있다고 발표하면 사람들이 웃지 않을까요?" 했다. 시간이 좀 걸려서야 나는 그가 무슨 말을 하는지 알아 들었다.

그것은 오타비아니 추기경의 전형적인 반응이었다. 그에게는 어떤 이유로도 결코 바꾸면 안 되는 고정된 제도가 있었다. 언제나 똑같은 것 semper idem이 결국 그의 모토였다. 그에게 변화란 생각할 수 없는 것이며 기이하고 어처구니없는 것이기도 했다. 그래서 내가 라너를 데리고 나타나면 그가 어떻게 나올지 좀 걱정스러웠다. 나는 그 후 로마 방문길에 오타비아니 추기경에게 넌지시 알렸다.

"칼 라너라…." 그는 나직이 중얼거리며 고개를 저었다. "일이 어떻게 되려나?" 그래도 우려할 뿐 반대하지는 않았다. 그런데 공의회가 시작되고 얼마 지나지 않아, 오타비아니와 라너가 성 베드로 성당을 함께 오르내리며 대화에 심취해 있는 장면이 눈에 띄었다. 변화에 반대하는 입장이긴 해도 오타비아니 추기경은 그의 오른팔 격인 네덜란드 예수회의 극단적 보수파 세바스티안 트롬프 신부보다는 훨씬 더 융통성이 있었다. 트롬프 신부는 그레고리오 대학에서 내가 배운 스승 중 한 사람이었기 때문에 나는 그를 잘 알고 있었다. 트롬프 신부는, 교회는 그리스도의 신비체이며 신학의 최정점이므로 새로운 것이 있을 수 없다는 신념을 철저히 고수하고 있었다. 가끔씩 그는 아무런 예고 없이 빈으로 나를 찾아오곤 했다. 아마도 나를 자기와 같은 사고방식으로 '바꾸어' 놓을 수 있다고 생각했던 모양이다.

라너는 공의회 준비 단계에서 내 앞으로 온 수많은 초안과 제안을 꼼꼼히 살펴보면서 종종 매우 비판적인 태도를 보였는데, 한번은 이렇게 논평하기도 했다. "이 글을 쓴 사람들은, 믿고 싶은데도 그러지 못해 갈등하는 심란한 무신론자나 비그리스도인들이 겪는 고통을 전혀 모르고 있는 게 분명하군요." 이렇게 말한 적도 있다. "이 초안들은 자신감과 확고한 신앙을 혼동하면서 속 편하게 스스로를 과신하고 있는 성직자가 공을 들인 논문입니다. 착하고 경건한 학자들의 사심 없는 논문들이긴 하지만 오늘날 상황과는 전혀 맞지 않아요." 그러나 라너가 인정하는 주제들도 물론 있었다.

공의회가 개막되던 날을 나는 결코 잊지 못할 것이다. 비교적 젊은 빈 대주교였던 나는 2,500여 명의 다른 주교들과 함께 성 베드로 대성당을 향해 스칼라 레지아 계단을 행렬을 지어 내려갔다. 주위를 둘러보면서 나는 이 교회가 전 세계의 교회임을 처음으로 실감했다. 그 인상은 내 마음에 지울 수 없이 깊이 아로새겨져 있다. 주교좌 가마를 타고 성전으로 들어온 교황은 가마에서 내려 늘어선 주교들 사이 통로를 걸어 내려갔다. 그는 교황의 삼중관 대신 다른 공의회 주교들과 마찬가지로 보통 주교관을 쓰고 있었다. 이어서 교황은 주교들에게 '재앙을 예언하는 사람들'의 말에 귀를 기울이지 말고 오늘날의 문제들을 즐겁게 두려움 없이 다루어 달라고 당부하는 개막 연설을 했다. 나는 주위를 둘러보면서 긴장과 회의로 가득했던 분위기가 기쁨에 찬 경이에 빠져드는 광경을 목격했다.

공의회가 이룩한 가장 중대한 업적이 무엇이라고 생각하느냐는 질문을 종종 받아 왔다. 내 생각에 제2차 바티칸 공의회는 참으로 선구자적이고 창조적이며 영속적인 네 가지 의미를 남겼다고 본다.

첫째, 공의회는 교회의 보편성을 확립했다. 공의회 회기 중에, 특히 휴회 기간 동안 온갖 색깔과 국적을 가진 주교들이 서로 다른 언어로 활발히 토론하는 모습을 볼 수 있었다. 다양한 국적과 언어와 문화가 공의회의 의식을 바꾸어 놓았다. 교회는 우리 중 대다수에게 익숙하고 때로는 교회 자체와 동일시하기까지 했던 유럽식 옷차림을 접어 둠으로써 이 교회가 전 세계의 교회임을 일깨워 주었다. 그로 인해 라틴어는 더 이상 보편적인 전례 언어로 남지 못하고, 각기 제 나라 말을 사용하게 되었다.

두 번째로 벽을 무너뜨린 큰 발전은 공의회가 교회일치운동을 뒷받침한 것이었다. 일치운동이라는 민감한 문제를 용감하게 제기한 사람은 바로 교황 요한 23세였다. 그는 과거 수년 동안 터키와 불가리아에 있으면서 동방정교회 및 오리엔트 정교회와 친교를 맺고 있었다. 공의회에 비가톨릭 참관인들을 초대하는 결정을 맨 처음 내린 것도 교황이었다. 1960년 부활절 직후, 그는 가장 의미심장하고 직접적인 조치를 취했다. 교회일치 문제를 다루게 될, 작지만 강력한 기구인 그리스도교 일치 촉진 사무국을 설치한 것이다. 그리고 유명한 성서학자이며 로마의 성경 연구소 소장인 베아 추기경을 의장으로 임명했다.

공의회에서 베아 추기경이 담당한 역할은 아무리 높이 평가해도 모자랄 정도다. 교회일치에 관한 교령을 위해 내놓은 초안은 처음부터 종교 간 대화의 큰 논쟁거리가 되었다. 그러나 이 초안은 결국 채택되어 별개의 선언으로 반포되었다. 베아 추기경과 그의 사무국은 참관인들을 초대하고 보살피는 책임을 떠맡았다. 참관인이라는 명칭이 수동적 입장을 암시하는 것 같아도 그들은 결코 수동적이지 않아서, 공의회에서 점점 더 영향력 있는 역할을 치지해 갔다. 대부분 가톨릭 신자가 아닌 그리스도인이었던 그들은 성 베드로 대성당에서 추기경들 건너편에 자리한 채 서로 시선을 마주하고 있었다. 그들은 개회 중에는 발언을 할 수 없었지만, 휴식 시간과 안건 토론 후에 마련된 수많은 토의 그룹과 회합에 적극적으로 참여했다. 처음에는 약 40명이던 참관인 수는 공의회가 끝날 즈음에는 100명에 육박했다. 그들은 금세 교회일치 분위기에 긍정적 영향을 미쳤고, 공의회가 진행됨에 따라 그들의 역할은 커져만 갔다. 그들은 많은 공의회 교부를 만났고, 공의회 문서들이 그들의 손을 거쳤으며, 우리는 그들의 의견을 듣고 존중했다. 그들 덕분에 오해가 바로잡히기도 하고 새로운 관점이 제시되었을 뿐 아니라 그들의 의견이 여러 공의회 교령에 반영되기도 했다.

교회일치 움직임이 이렇게 진척되고 있었다. 이 모두가 베아 추기경의 공로였다. 나도 참관인들과 자주 토의를 했는데, 실제 공식 문구나 용어 표현은 서로 다를지라도 기본 신앙 문제에 관해서는 대부분 의견이 일치한다는 것을 알게 되었다. 1963년 제1차 회기가 끝난 후, 세계교회협의회WCC의 루터교 회원인 루카스 피셔는 공의회에서 일어나고 있는 일들을 '댐이 무너지는 것'에 비유했다. 나랑 잘 아는 사이로 바젤과 파리의 프로테스탄트 신약성서학 교수인 오스카 컬먼은 공의회가 끝나자 이렇게 말했다. "공의회 전체를 되돌아보고 숙고해 보니, 극히 일부의 경우를 제외하고 또 우리의 착각이 아닌 한, 애초 기대한 바를 십분 달성했을뿐더러 초과 달성한 부분도 많습니다."

공식 참관인으로 공의회의 모든 회기에 참석한 또 다른 루터교 최고 신학자는 에드문트 슐링크였다. 그는 하이델베르크 대학교의 교회일치 신학 교수였고, 세계교회협의회 산하 신앙과 직제 위원회의 주역이었다. 또한 열렬한 교회일치주의자에 매우 솔직한 사람이었다. 1963년 9월, 공의회 제2차 회기 중에 그가 독일 언론과 가진 한 인터뷰가 격렬한 논쟁을 불러일으켰다. 인터뷰에서 그는 현재 토론하고 있는 문서 가운데는 하느님의 교회는 오직 로마 가톨릭교회라고 배타적으로 해석된 것도 있다며 날카롭게 비판했다. 이는 그리스도교 일치를 위한 열망이 곧 로마교회 교황 밑으로 돌아오게 하려는 바람임을 넌지시 비치고 있으며, 정교회와 프로테스탄트 그리스도인들을 설득하여 그들의 교회 공동체를 떠나 로마로 돌아오게 하려는 의도처럼 느껴진다고 그는 힘주어 말했다.

그러나 슐링크는 요한 23세와 베아 추기경을 무척 존경했다. 베아 추기경이 선종하자 슐링크는 다음과 같은 글을 발표했다.

> 베아 추기경의 선종은 가톨릭교회뿐 아니라 그리스도 교회 전체에 엄청난 손실이다. 선의를 가진 모든 이가 그를 애도할 것이다. … 겸

손하고 자애로운 아버지와 같은 이분은 그리스도 교회들을 화해시켰고 교회일치를 위한 가톨릭교회의 새로운 지향이 진정한 것임을 그들에게 확신시켜 주었다.

로마 가톨릭 추기경에 대한 저명한 프로테스탄트 신학자의 이 같은 찬사는 놀라운 것이었다. 슐링크는 교황의 수위권 문제를 다루는 면에서도 역량이 탁월했다. 『교황의 비전』*The Vision of the Pope*이라는 그의 흥미로운 책이 있다. 그리스도 교회의 수장으로서, 그리스도가 자신에게 바라셨을 법한 방식으로 직무를 수행하는 교황의 내적 투쟁을 그린 이야기다. 나는 몇 년 전에 그 책의 재판에 실릴 서문을 써 달라는 부탁을 받고 책을 다시 읽어 보았는데, 그 가공의 이야기가 오늘날 교황직과 관련하여 우리가 직면한 상황에 딱 들어맞는 것을 보고 아연실색했다.

러시아정교회에서 온 참관인 중 한 사람으로 역시 제2차 바티칸 공의회의 열렬한 지지자였던 비탈리 보로포이는 다음과 같이 썼다.

요한 23세와 바오로 6세는 중세 예언서의 용어를 쓰는 진정 '천사 같은 교황들'이었다. 가톨릭교회의 쇄신과 그리스도 교회의 일치, 전 세계 모든 사람의 형제애와 평화를 증언하는 위대한 과업에 그들은 생애를 바쳤다.

세 번째로 중요한 큰 발전은 공의회가 평신도 사도직의 중요성을 강조한 것이었다. 나는 그것을 교회의 미래를 위한 특별한 추진력으로 보았다. 제2차 바티칸 공의회 이전에는 교회를 한쪽에는 성직자단, 다른 쪽에는 평신도가 있는 일종의 두 부류로 나뉜 체제로 인식하는 것이 보통이었다. 이것은 지배자와 피지배자 사이가 엄격하게 구별되어 있던 당시 사회구조에 얼마간 부합하는 견해였지만 결코 복음적인 것은 아니었다. 제2차 바티칸 공의회는 교회가 하나의 공동체임을 아주 명확히 천명한다. 우리 모두, 즉 세례를 받은 모든 사람은 하느님의 나그네 백성이며, 우리는 교회에 대한 책임을 모두 함께 지고 있다. 교회의 미래를 위해 사제와 평신도 사이의 협력이 중요할 뿐 아니라, 평신도 사도직 자체도 매우 중요하다는 사실이 점점 더 분명해지고 있다.

'비그리스도교와 교회의 관계에 대한 선언' 「우리 시대」Nostra Aetate (이하 '비그리스도교 선언'으로 약칭)는 이 책의 다른 장에서 자세히 살펴볼 것이지만, 나는 제2차 바티칸 공의회의 모든 선언 중에서 가장 짧은 이 선언이 얼마나 중요했으며 앞으로도 그러할 것인지를 다시 한 번 강조하고 싶다. 그리스도 교회와 유다교, 이슬람교 및 다른 세계종교들과의 관계는 세 번째 천 년을 맞이하면서 어느 때보다 중요해졌다. 우리가 만일 새뮤얼 헌팅턴이 예언한 '문명의 충돌'을 피하고자 한다면, 종교 간 대화를 촉진시킬 모든 노력을 다해야 한다.

그러나 교회 안팎의 많은 사람은 전례 쇄신이야말로 공의회의 가장 두드러진 혁신이라고 보았다. 변화가 너무 급격하고 신자들이 여유 있게 충분히 준비하지 못했기 때문에 오해도 생겼다. 가톨릭 신자 대다수가 그 전례와 더불어 성장했고 그들 생활에 익숙한 전례 형식에 너무나 깊은 애착을 가지고 있었기 때문에, 이제 전례를 라틴어가 아닌 제

나라 말로 지내며 사제와 신자들이 마주 보는 상황들을 그들은 거의 감당하지 못할 지경이었다. 나이 많은 사제들이 이 같은 변화를 특히 힘겨워했다. 대단히 연로한 어느 사제의 눈에 어리던 그 절망적인 표정이 아직도 기억에 생생하다. 내가 본당을 방문했을 때 그는 미사에 앞서 내게 다가와 목이 멘 소리로 말했다. "저는 노력해 왔습니다, 전하. 정말 노력해 봤지만 저는 도저히 할 수가 없습니다. 두렵습니다 …"(나는 그에게 걱정하지 말라고 얘기했다).

하지만 이 같은 변화는 교회 역사에 빈번히 있어 왔다. 더구나 로마와 온전히 일치하고 있는 그리스-가톨릭교회들은 라틴어를 사용한 적이 전혀 없다. 제2차 바티칸 공의회는 라틴어 사용을 금지한 것이 아니라 단지 자국어 사용을 허락했을 뿐이다. 전례에 관한 한, 우리는 새로운 형식을 과대평가해서도 안 되고 옛 형식을 너무 과소평가해서도 안 된다.

지난 40여 년 동안 제2차 바티칸 공의회를 다룬 글은 무수히 많이 있었다. 공의회에 관한 잘 알려진 작품들은 아마 대부분 내가 읽었을 것이다. 그러나 공의회에서 일어나고 있는 일을 전 세계에 전해 준 헌신적인 보도 기자들의 활약은 흔히 과소평가되어 온 측면 중 하나다. 미디어의 협력이 없었더라면 공의회 교부들은 이 경이적 사건에 세상의 이목을 결코 집중시키지 못했을 것이다. 교회는 미디어의 중요성을 서서히 깨달으면서 그 진정한 가치를 인정하게 되었다. 영국의 제1차 바티칸 공의회 역사가 애벗 커스버트 버틀러는 1930년대에 벌써 미래의 공의회에는 보도 기자들의 토론 참석을 허용하여 토의 내용을 보도할 수 있도록 해야 한다고 강력히 권고했다. 버틀러는 제1차 바티칸 공의회가 얻은 불신과 경멸과 조롱은 당시에 정확한 정보가 없었기 때문이라고 확신했다. 그리고 1950년에 열린 국제 가톨릭 언론인 대회에서 교황 비오 12세는 교회와 여론 사이의 소통 부족을 '실수이자 약점이며 병폐'라고 비판하면서 성직자와 신자 모두에게 책임이 있다고 말했다. 그러나 변한 것이 별로 없었다. 제2차 바티칸 공의회가 열리기 전까지 일반적 정책은, 바티칸에서 진행되고 있는 사항에 대한 정보가 되도록 적게 바깥세상에 누설되도록 하는 것이었다.

그러나 이번에는 공의회의 토론에 대해 비밀을 유지하려는 노력이 죄다 금세 철회되었다. 이러한 사실 자체가 이미 교회의 태도가 바뀌었다는 표시였다. 밀실에서 토론을 하려는 어떠한 시도도 분위기를 망칠 것이며 유언비어와 억측을 낳으리라는 사실이 순식간에 자명해졌다. 그때부터 공의회에서 일어나고 있는 모든 일이 보도되었다. 나 자신도 공의회가 성공하려면 주교들이 토론하고 있는 내용을 유능하고 헌신적인 보도 기자들이 신자들과 세상에 알려 주는 일이 매우 중요하다는 것을 확신하고 있었다. 그래서 나는 공의회가 시작되기 한참 전부터 빈에 있는 가톨릭 보도 기자들에게, 공의회가 일단 시작되면 주교들에게 지체 없이 질문을 하고 공의회에서 논의 중인 내용을 세상에 알려야 하며, 필요하다고 생각하면 언제든 망설임 없이 비판하거나 답변을 요구해야 한다고 얘기했다. 교회와 세상이 대화에 참여하도록 하는 것이 양쪽을 위한 그들의 의무였다. 또한 나는 희망으로 시작한 일이 실망으로 끝나지 않도록 하기 위해서 일반 사람들, 특히 가톨릭 신자들이 공의회에 대해 기대하는 바를 보도하도록 그들을 부추겼다.

공의회에서 토론하는 내용을 세상에 알리게 한 결정은 훌륭한 본보기가 되었다고 나는 확신한다. 세상이 정치적이거나 세속적인 문제에만 골몰하는 듯한 시기에 로마 가톨릭교회의 주교 전체와 다른 그리스도교 교파의 참관인 100여 명이 로마에 모여 중대한 영적 문제들을 완전히 공개적으로 검토한다는 사실은 하나의 긍정적 표징 같았다(공의회가 시행된 시기는 냉전이 절정에 달해 있던 1962년 10월부터 1965년 12월까지였다). 세상은 지대한 영향을 가져올 결과를 예측하고 고개를 끄덕여 동의했다.

여론이 공의회를 전파하는 방식은 모든 예상을 뛰어넘었다. 세 사람만 예로 들면, 독일어권에 공의회 소식을 전달한 스위스 『오리엔티에룽』Orientierung의 마리오 폰 갈리, 영국 예수회 잡지 『먼스』The Month의 피터 헤블스웨이트, 미국 시사 주간지 『타임』Time의 로버트 블레어 카이저 같은 노련하고 헌신적인 보도 기자들이 성 베드로 대성당 내부과 바깥세상을 이어 주는 다리 역할을 하면서, 토론 중인 주제와 뒤이어 일어나는 논쟁, 통상 겉으로는 끝이 없어 보이는 제안과 수정 작업을 세상이 이해할 수 있는 언어로 '옮겨 썼다'. 이런 일에는 특별히 예리한 안목과 전반적 관계를 재빨리 파악하는 능력뿐 아니라, 교회와 세상에 시의적절한 질문을 던지고 비판적으로 논평하는 타고난 재능이 필요하다. 이 같은 위업을 달성하기 위해서는 한없는 인내심과 뛰어난 유머 감각도 있어야 한다.

담당 보도 기자들은 이 역할을 멋지게 해냈다. 3년이 넘도록 공의회는 세계적인 주요 뉴스였고, 그중 상당수가 긍정적인 뉴스였다. 이스탄불 에큐메니컬 총대주교좌의 공식 신문 「아포스톨로스 안드레아스」 Apostolos Andreas마저도 찬사 일색이었다. 그리스정교회 신문 「에클레시아」Ecclesia는 "이번 공의회에서 가톨릭교회는 지금까지 우리가 알던 것과는 다른 교회임을 보여 주었다"고 보도했다.

우리는 공의회의 빛과 영광을 교황 요한 23세와 연결 짓고 있지만, 기초 작업은 바오로 6세에게 넘어갔다. 그가 제2차 바티칸 공의회의 짐을 져야 했다. 장차 올 세대는 공의회에서 바오로 6세가 맡았던 역할을 더 올바르게 평가하면서 그의 과업에 대해 감사하는 마음을 크게 가지게 될 것이라고 나는 생각한다. 내가 볼 때 그는 제2차 바티칸 공의회의 순교자였다. 1963년 6월, 요한 23세의 선종으로 공의회는 불확실한 상황에 처하고 말았다. 이제 어떻게 될 것인가? 누가 요한 23세의 뒤를 이을 것인가? 도대체 누가 그의 뒤를 이어 공의회를 진행하거나 또는 중단할 것인가? 모든 공의회 교부와 함께 온 교회가 불안스레 기다리고 있었다.

콘클라베 회의장에 딸린 작은 내 방은 밀라노의 몬티니 추기경 바로 옆방이었다. 콘클라베 첫날에 이미 바람의 방향은 몬티니 추기경이 선출되는 쪽으로 잡혀 갔다. 그날 밤, 그의 표정이 너무 우울해 보여서 나는 그의 방을 찾았다. 내일이면 그가 교황에 선출될 것이라는 일반적 견해에 나도 뜻을 같이하고 있으며 매우 기쁘게 생각한다고 말하자, 그는 내가 틀렸다는 것을 확신시켜 주려고 자꾸만 애를 썼다. 안녕히 주무시라는 인사를 서로 나누면서 그는 말했다. "나는 지금 캄캄한 어둠에 싸여 있습니다. 사랑하는 주님이 나를 어둠에서 끌어내 주시기를 바랄 뿐입니다." 다음 날 그가 선출되었을 때, 나는 콘클라베에서 여러 차례 있어 왔던 것처럼 그가 "수락할 수 없다"고 말할까 봐 두려웠다. 그러나 몬티니 추기경은 매우 주저하기는 했지만 "수락한다"고 대답했다. 그는 교황이 되기를 원치 않았다. 그러나 그 순간부터 공의회가 계속될 것이라는 사실이 얼마간 분명해졌다.

며칠 후 바오로 6세는 교황 요한 23세가 지향했던 노선에 따라 공의회를 계속해 나가겠다는 자신의 의향을 공표했다. 바오로 6세는 자신의 전임자를 깊이 존경했다. 공의회 제1차 회기 중에 그는 말을 많이 하지 않았지만, 그의 입장은 교회 쇄신을 전적으로 지지하는 쪽이었다. 공의회를 소집하거나 개혁 절차를 시작한 장본인은 아니었지만 그는 공의회를 이어 나가게 했고 끝까지 지켜보았다. 요한 23세처럼 단 한 번의 미소로 사람의 마음을 흔들어 놓는 매력을 지니지 못한 사람에게는 특히 이 일이 쉽지 않았다. 그러나 바오로 6세는 끈기와 인내력과 꾸준히 버텨 나가는 의지력이 있었다. 또한 그에게는 감당하기 힘든 과제에 봉착했을 때 뒤로 물러나 몸을 낮추는 깊은 겸손함에서 우러나오는 힘이 있었다. 교회 쇄신이라는 위대한 과업은 종종 흔들리고 멈칫대고 정체되고 가로막히는 것처럼 보이기도 했다. 그럼에도 바오로 6세가 꿋꿋이 밀고 나가지 않았더라면 모든 것이 수포로 돌아가고 말았을 것이다. 공의회는 앞으로 나아가고 있었다. 비록 그 발걸음이 조금 비틀거리고 때로는 제자리걸음을 하기도 했지만, 방향에는 변함이 없었고 결코 목표를 시야에서 놓치지도 않았다. 전임자가 시작한 일을 중간에 이어받은 교황 바오로 6세가 그것을 실천에 옮긴 것이다.

1965년 12월 7일, 공의회 폐막을 기념하여 성 베드로 대성당에서 거행된 장엄한 교회일치 전례는 영원히 내 가슴속에 남아 있을 것이다. 나는 교황 바오로 6세와 함께 제단에 있던 작은 그룹에 속해 있었다. 교황은 콘스탄티노플 에큐메니컬 총대주교좌의 대표를 그 자리에 자신과 함께 서도록 청한 다음, 서방교회와 동방교회의 대분열을 선언했던 1054년의 교황 교서는 이제 무효가 되었다고 발표했다. 그 발표를 환영하며 자연스레 터져 나온 우레와 같은 박수 소리가 지금도 귓가에 쟁쟁하다. 많은 이가 눈물을 흘리고 있었다. 이처럼 감동적인 장면이 내게는 공의회가 댕긴 불씨가 이미 타오르기 시작한 신호로 보였다. 어느 공의회에서든 제일 중요한 부분이면서 두 세대 이상 이어질 수도 있는 중대한 수용 과정이 그렇게 시작되었다.

2
교회 내 대화

제2차 바티칸 공의회가 끝난 지 40년이 지난 오늘날까지도, 세상과 교회는 공통점이 별로 없는 서로 다른 두 존재일 뿐이다. 대다수 그리스도인을 포함한 사람들 대부분은 일상생활에서, 특히 성 문제나 결혼, 사업이나 정치에 관한 한 제 나름의 윤리적 기준을 가지고 있다. 이는 대개 그들의 의식이 갈라져 있음을 의미하는 것이다. 하지만 어떤 것이든 간에 분열은 해롭기 마련이다.

    이 같은 부정적 사태에 대처할 수 있는 방법이 두 가지 있다. 하나는 교회가 그런 일에 대해 냉담해짐으로써 이 같은 분열에 반격하는 것이다. 이것은 교회가 세상으로부터 배제되고 고립되어 종파적 존재로 살게 되는 것을 의미한다. 다른 하나는 이그나티우스 성인의 발자취를 따르는 것이다. "나는 모든 사람을 나의 문으로 데리고 나오기 위해서 그들의 문으로 그들과 함께 들어간다"고 이그나티우스는 말했다. 교회에게 이것은 교회를 세상과 맞추기 위함일 뿐 아니라 교회가 세상 안에 완전히 현존하도록 하기 위해서 세상의 방법으로 세상과 동행하고, 세상 사람들의 생활 속에서 그들을 안내하며, 세상과 대등해지는 것을 의미한다.

교회가 어떻게 하면 외적으로만이 아니라 내적으로도 세상 안에 현존해 있다고 단언할 수 있을까? 교회는 교회 자신의 목소리가 들리도록 해야 하고, 무엇보다 사람들로 하여금 교회가 가까이 있다고 느끼도록 해야 한다. 그리고 교회는 찾아갈 만한 가치, 무슨 소리를 하는지 들어 볼 만한 가치, 함께 대화할 만한 가치가 있어야 한다. 이는 결국 교회가 시민사회에서 신뢰를 얻어야 한다는 뜻이다. 이것이 교황 요한 23세가 말한 '아조르나멘토'(현대사회에 대한 적응)의 의미다.

그런데 교회와 세상 사이의 대화는 먼저 교회 안에 대화가 있어야만 성공할 수 있다. 유감스럽게도 교회 내 대화는 현재 휴면 상태에 빠져 있는 것 같다.

가톨릭교회의 주요 문제 중 하나는 교회 지도부의 형태다. 이것은 이중의 문제다. 교황의 수위권이 가톨릭교회 자체 내에서 전반적으로 주요한 걸림돌이긴 하지만, 가장 큰 문제점은 주교단의 과업을 떠맡은 바티칸의 비대해진 관료 조직이다.

공의회가 처음 소집되었을 때, 주교단은 교회의 정책을 결정하는 데 발언권이 별로 없었다. 나는 대부분 주교로 구성되어 있으면서 공의회에서 토의할 주제들을 준비해야 하는 역할을 맡은 준비 위원회 위원이었다. 그때 나는 엄격한 전통적 견해를 가진 로마의 주교들 상당수가 조금이라도 앞으로 나아가는 것을 막으려 굳게 결의한 것을 알아챘다.

그들은 교황 요한 23세의 아조르나멘토를 신앙을 위협하는 것으로 여겨 거기에는 관심조차 없었다. 교황이 공의회를 소집하지 못하게 하려는 온갖 노력이 허사로 돌아간 이후, 준비 위원회 내부에는 공의회를 무력화하려는 이 같은 경향이 팽배했다. 그러나 서유럽과 중부 유럽의 몇몇 주교와 나를 포함하여 쾰른의 프링스 추기경과 뮌헨의 되프너 추기경은 공의회 소집 발표가 전 세계에 얼마나 막대한 기대의 불을 지폈는지 알고 있었다.

　망설일 이유가 없었다. 그다음 위원회 회의 때 나는 자리에서 일어나 내가 우려하는 바를 공개적으로 표명했다. 위원회 위원 한두 사람이 토의를 통제하여 되도록 토론 범위를 좁힐 목적으로 개개인의 활동에 영향을 끼치려 애쓰고 있는 것은 부인할 수 없는 사실이라고 위원들 앞에서 밝혔다.

　그리하여 개혁에 대한 열망을 몸소 확실히 체험한 나는 1962년 10월 공의회 개막 전야에, 이 공의회가 거수기들의 공의회가 되지 않을 것임을 오스트리아 가톨릭 신자들에게 자신 있게 말할 수 있었다. 주교들은 명확하고 공개적으로 거리낌 없이 발언할 것이며 때로는 껄끄러운 말도 하게 될 것이었다. 바티칸 당국이 공의회를 좌우할 것이니 주교들의 소망이 바티칸 당국의 관례를 이겨 낼 수 없을 것이라는 우려는 근거가 없었다. 주교들은 하느님과 교회 앞에서 그들의 책임이 그들에게 명하는 대로 발언하게 되어 있었다.

　공의회 동안 주교 공동성共同性도 작동되었다. 전 세계에서 온 주교들이 서로 알게 되고 견해를 교환할 수 있었다. 공의회는 주교들이 교황의 사절이 아니고, 일부의 주장대로 교황의 훈령을 수행하기 위해서 참석한 것이 아님을 아주 분명히 했다. 공의회 문서인 '교회에 관한 교의 헌장' 「인류의 빛」Lumen Gentium(이하 '교회 헌장'으로 약칭) 27항에서는, 주교들은 자기 고유의 권력을 행사하므로 (로마의 현직 주교를 의미하는) 교황의 대리자로 보아서는 안 된다고 기술한다. 그들은 그리스도의 이름으로 교황과 공동으로 신앙을 증거하고 가르치는 사람들이다. 제2차 바티칸 공의회에 의하면, 주교단은 교황의 짐과 책임을 단순히 말로만 아니라 행동으로 함께 져야 한다.

그런데 주교단과 그 수장인 교황과의 관계가 공의회에서 아무리 감명 깊게 표명되었더라도, 주교들이 세계 곳곳에 퍼져 있는 자기 교구로 돌아갔을 때 이 같은 협력이 어떻게 실행될지 분명하지 않았다. 공의회는 '전체 교회에 대한 주교들의 관심'을 실행할 수 있는 방법에 대해서는 말하지 않았다. 그 임무는 공의회 이후 시대에 맡겨졌고, 해결책은 여전히 불투명하다.

공동성에 각별히 관심을 가졌던 바오로 6세는 정기적인 주교 대의원 회의가 공의회에서 우리가 경험한 그 공동성을 계승해 나갈 것임을 염두에 두고 있었다. 예를 들면, 그는 1971년 주교 대의원 회의에 사제 독신제 문제를 토론에 부친 다음 주교들의 결정을 받아들일 것임을 사전에 내게 넌지시 일러 주었다. 당시에 주교들 대부분은 라틴 전례의 사제들에게 의무적인 사제 독신제를 유지하는 것을 찬성했다. 내가 여기서 강조하고자 하는 바는 바오로 6세가 주교들이 결정하도록 할 준비가 되어 있었다는 점이다. 그는 또한 공의회의 지향과 일치하도록 자문단을 개편하고 바티칸 당국의 기능을 통제하는 일에 부심했다. 공의회 마지막 날(1965년 12월 7일), 그는 신문하는 일에 지나치게 익숙해져 버린 신앙교리성의 절차를 개선했다.

현 교황(요한 바오로 2세)은 바티칸에서 성장하지 않았다. 교황이 되자 그는 자신이 로마에서 맞닥뜨리게 된 바티칸의 거대한 기구에 주목하지 않을 수 없었다. 내 개인적 생각으로는 그가 전문가 몇 사람을 선발하여 그들에게 그 기구의 운영을 맡기기로 결심했던 것 같다. 그들은 당연히 교황의 이름으로 말할 권리를 요구했다. 과거에 교황은 이런 요구가 항상 적절하기만 한 것은 아니라는 사실을 가끔 알아차리기도 했지만, 아마도 그는 그것으로 논쟁을 벌일 만한 가치가 없다는 결론을 스스로 내렸을 것이다.

그러는 가운데 수많은 문서가 여전히 교황의 이름으로 출판되고 있는데, 나는 그 모든 문서를 교황이 몸소 쓰는 것이 육체적으로는 말할 것도 없거니와 절대 불가능한 일이라고 말하고 싶다. 이런 상황에서 어떤 문제, 가령 의무적인 사제 독신제 같은 문제도 최근에 마치 교회의 생존이 독신제 유지에 달려 있는 것처럼 턱없이 부풀려져 온 것은 의심할 여지가 없다. 라칭거 추기경도 바티칸에서 나오는 서류가 너무 많다는 것을 인정했다. 다른 한편으로는, 바티칸 관료들이 모두 같은 종류의 사람들은 아니며 로마 내에도 비판의 목소리가 있다는 사실을 잊지 말아야 한다.

주교단이 하나의 단체로서 어떤 기능을 할 수 있을지는 이론적 문제일 뿐 아니라 실제적 문제이기도 하다. 이것을 실현할 수 있는 방법은 여러 가지가 있지만, 우선 가장 중요한 단계는 시대정신이 이런 방향으로 변화해 왔다는 사실을 인정해야 하는 것이다. 그러고 나서 우리는 이것을 실행할 수 있는 몇 가지 방법을 계속 궁리해 나갈 수 있다.

은퇴한 샌프란시스코 대주교 존 R. 퀸과 몇몇 사람이 제안한 바와 같이, 교회를 총대주교 관구로 나누는 것도 하나의 해결책일 수 있다. 게다가 이것은 역사적 제안이기도 하다. 나는 주교회의 의장들이 2~3년마다 교황과 정기직으로 만나, 현실에서 특별히 중요한 몇 가지 구체적 사안을 의논하게 하는 것이 바람직하다고 생각하는 주교들과 뜻을 같이한다. 이로써 교황과 주교들은 교회에서 일어나고 있는 일에 대해 더 넓고 종합적인 견해를 가지게 될 것이다. 그들은 더 많은 정보를 얻고, 상황을 올바른 관점에서 보는 데 보다 수월해질 것이다. 요한 바오로 2세 때의 주교 대의원 회의에서 했던 것처럼, 교황이 주교들에게 의견을 말하도록 요구하고 그것을 최종 문서에 몸소 표현하는 게 아니라, 주교들이 의사 결정에 관여하게 되고 최종 해결책을 찾는 일에 참여하게 될 것이다. 그리하여 그들은 공의회의 의도대로, 교황과 함께 교회를 다스리는 일에 동참하게 될 것이다. 교회 안에서의 지도력 문제는 교황이 전체 교회에 대한 관심과 책임을 주교들과 나누기만 하면 해결될 수 있다.

또한 교회 안에서 보조성의 원리에 특별한 관심을 기울여야 한다. 그것은 모든 주교가 자신이 가진 권한에 대해 무제한 책임을 지고 있음을 우리에게 가르쳐 줌으로써, 공동성이 초래하는 것의 의미를 보다 더 분명히 알게 되도록 우리를 도와준다. 그것은 또한 상위 기관이 소속 기관을 도와주고 지원함으로써 하위 기관이 자체의 구체적 과업을 완수하도록 해 줘야 한다는 것을 의미한다. 보조성의 원리는 공동체에 대한 개인뿐 아니라, 보다 큰 집단에 대한 작은 집단의 독립성과 창의력과 권한도 보장해 준다. 예를 들면, 평신도는 사제들처럼 잘할 수 있거나 사제들보다 더 잘해 나갈 수 있는 과업을 떠맡아야 한다.

주교단이 교회를 다스리는 일에 관여해 오지 않았다는 사실은 현재의 주교 임명 정책과 직접적으로 연관되어 있다. 교회, 특히 독일어권 교회가 요즘과 같이 양극화된 이유 중 하나는 최근 몇 년 동안 주교를 임명해 온 방법과 직접적으로 관련이 있다. 공의회 이후 몇 년 동안은 주교들이 신자들의 일치를 유지하기가 더 쉬웠다. 어느 정도 다양성을 허용함으로써 우리는 일치를 더욱 훌륭히 유지할 수 있었다. 주교회의는 하나의 목소리로 발언했다. 그렇다고 해서 주교들 사이에 의견 차이가 없었던 것은 아니다. 그들은 다양성 속에 일치해 있었다. 안타깝게도 오늘날 상황은 더 이상 그렇지 못하다. 요즘은, 지역마다 다르기는 하겠지만, 우리 주교들은 서로 거의 잘 모르고 있다.

최근 수년간 그래 왔던 것처럼 바티칸이 단독으로 주교를 임명할 것이 아니라, 바티칸과 지역 교회 양쪽이 주교 임명에 발언권을 가져야 한다는 일치된 의견이 널리 퍼져 있다. 교황이 최종 결정권을 가지는 것에 반대하는 사람은 없다. 로마와 온전히 일치한 동방 전례 가톨릭교회들에서도 주교가 임명될 때는 매번 교황의 승인을 받는다. 로마 가톨릭교회에서도 지역 교구가 언제나 관여하는 것이 보통이었지만, 그 점을 로마는 걱정스러워했다. 로마 당국은 교회 내부가 너무 불안해질까 봐 신중해야 할 필요가 있다고 여겨, 로마 단독으로 결정하는 것이 더 낫다고 결론 내렸다.

이를테면, 1980년대 후반과 1990년대 초반에 오스트리아에서 있었던 잇따른 주교 임명은 전혀 이상적인 해결책이 아니었다. 다행히도, 짧은 시기에 그토록 많은 주교를 임명한 일이 전 세계 교회에서 극히 예외적인 경우였다. 그럼에도 불행한 일이기는 했다. 이 같은 임명이 오스트리아 교회를 수년간 갈등과 양극화로 몰아갔던 것이다.

게다가 빈 대주교인 한스 헤르만 그뢰어 추기경에 대해 심상찮은 성적 학대 혐의가 처음 제기된 1995년 3월 26일 이후로는, 교회 안팎의 많은 이가 교회를 신뢰하지 않게 되었다. 당시에 내가 이름 붙였고 또 내게 말 못할 고통을 안겨 준 '오스트리아 교회의 기나긴 성금요일'은 극복하기가 매우 어렵다는 것이 판명되고 있다. 교회 안에 있는 우리 모두가 죄인이다. 이러한 사실을 교회와 교회 안에 있는 모든 사람이 항상 통절히 의식하면서 공개적으로 인정해야 한다. 혐의에 대해서는 교회의 신뢰성을 위해서도 정면으로 대처해야 한다. 1984년 1월에 교황 요한 바오로 2세는 기자들에게, 교회는 모든 사람이 교회에서 일어나고 있는 일을 들여다볼 수 있고 교회가 그리스도와 복음을 전하는 사명을 얼마나 충실히 수행하고 있는지 지켜볼 수 있는 '유리 집'이 되기 위해 열심히 노력하고 있으며 앞으로 더욱 노력할 것이라고 밝혔다.

그러나 불행히도 교회는 아직 '유리 집'과는 거리가 멀고 투명성이 부족하다는 비판을 받아 마땅하다. 우리는 미디어 사회에 살고 있지만, 교회는 아직 그 사실에 대처할 방법을 모르고 있는 것 같다. 미디어 사회를 사는 열린 교회라면 남들의 잘못은 찾아내면서 자신의 잘못은 절대 인정하지 않는 태도는 버려야 한다. 세월이 충분히 흐른 다음 객관적 검토가 이루어질 때, 역사가들은 오스트리아 교회에 위기를 가져온 실제 원인을 철저히 조사해야 할 것이다. 우리가 다원주의 사회에서 더불어 살아가야 하는 한 그러한 검토는 불가피하다.

신뢰 분위기 회복에 힘써야 한다. 바티칸 외교는 언제나 시대 상황을 정확히 파악하고 지역 교회의 필요와 희망을 충족시켜 주면서 동시에 전체 교회에 이로운 결정을 내리기 위해 지역 교회의 동향을 정밀하게 평가할 수 있는 능력으로 유명했다. 바티칸이 과거의 검증된 정책으로 되돌아가기를 바랄 뿐이다.

교회가 가르치는 것과 사람들의 일상생활 사이의 괴리는 이른바 서구 세계에서 어쩌면 가장 심각하게 느끼는 문제일 것이다. 이 괴리로 인해 의무적인 사제 독신제와 교회 내에서 여성의 역할, 산아제한, 재혼자의 영성체와 같은 문제들에 관한 열띤 토론이 이어지고 있다. 바티칸이 이들 문제에 관한 교회의 가르침을 공표하면서, 말하자면 '위로부터의' 답변을 들려주어도 신자들은 그 가르침이 자기들을 향한 것이라고 느끼지 못한다. 공식 문서에 쓰이는 신학적 표현은 비인간적이고 차가운 인상을 줄 뿐 아니라 때로는 오만불손한 느낌도 있다. 어떠한 인간적 접촉의 기운도 없고 인간적 대화 상대도 흔적 없이 배제되어 있다. 교회의 단일성이 깨질 수 있다는 바티칸의 우려를 나는 충분히 이해한다. 그렇다고 무례할 이유는 없다. 예의 바르기 때문에 권위를 잃는 경우는 없다.

다양성 속에 일치를 유지하는 하나의 사례가 있다. 가톨릭 신자 개개인에게 교회가 그렇게 멀리 있는 권위적 존재가 아니고 그들에게 마음을 쓰고 있으며 그들 가까이 있다고 느끼게 하기 위해서는 교회 내에서 대륙적·지역적 이해가 심화되어야 한다. 이 점은 더욱더 심사숙고 할 필요가 있으며 위험도 내포하고 있는 것이 사실이다. 시간이 걸릴 것이고 쉽지도 않을 것이다. 예를 들자면, 유럽이나 라틴아메리카를 위해 사제 독신 문제에 대해 특별한 해결책을 고려하는 문제를 논의해 볼 수 있다. 의무적인 사제 독신제는 교의가 아니므로 독신제 논의는 정당하다. 이 문제에 관한 여러 해결책이 교회 안에 이미 존재한다는 것을 우리는 대개 잊고 있다. 로마와 온전히 일치한 동방 전례 가톨릭 교회들은 기혼자가 사제가 되는 것을 허용하고 있다. 로마교회가 독신제를 고수하는 이유는, 수세기 동안 시행되어 왔고 그 진가가 입증되어 온(실제로 그런 것이 사실이라면) 규칙을 바꾸는 것을 폴란드 출신 교황이 상상조차 하지 않기 때문이다. 다음 교황은 '검증된 사람들'viri probati(나이도 들고 경험도 풍부하며 공동체의 존경을 받는 기혼자들)에 대한 서품을 허용하리라고 나는 확신한다. 로마 가톨릭 사제들에게 독신을 마음대로 선택하게 하면 어떤 문제들은 해결되지만 다른 문제들이 또 발생할 것이다. 잠깐 사이에 우리는 아마도 이혼한 사제들의 문제에 직면하게 될 것이다. 교회에서 인간적 요소는 언제나 큰 부담이다.

그리고 우리는 마땅히 교회 안에서의 여성의 역할에 대한 논의를 계속해야 한다. 이것은 특별하고도 가장 중요한 문제다. 그리스도교는 하느님 앞에서 남녀가 동등하다고 항상 주장하지만, 이것은 남녀가 동일하다는 말이 아니다. 바꿔 말해, 이는 남녀가 근본적으로 다르다는 말인 셈이다. 여자들은 남자들이 못하는 많은 일을 할 수 있다. 하느님은 남자와 여자를 창조했고, 남녀는 서로 보완한다. 나는 점점 더 많은 여성이 교황청 기구의 고위직에 임명되어 그들의 독특한 견해와 경험을 활용할 수 있게 한다면 교회에 매우 이로울 것이라고 생각한다. 그리고 이것이 실현되리라는 확신을 가지고 있지만, 2천 년 묵은 기관에서는 속세에서 그러는 것과 꼭 마찬가지로, 시간이 걸릴 것이고 서서히 진행될 것이다. 여성들이 장관 자리에 오르게 된 것도 하룻밤 사이에 이루어진 일은 아니다.

현재 여성 사제 서품에는 중요한 걸림돌이 두 가지 있다. 전통과 교회일치 관계가 바로 그것이다. 성공회에서는 여성 사제 서품으로 교회가 거의 분리되는 지경에 이르렀다. 남성들뿐 아니라 상당수 여성조차 주교들에게 여성을 사제로 서품하는 문제에 격렬하게 이의를 제기하고 있다. 전통은 하루 이틀에 바꿀 수 없다. 게다가 만일 가톨릭교회가 지금 여성들을 사제로 서품한다면 정교회는 가톨릭과의 대화를 전면 포기할 것이다. 나는 많은 정교회 성직자와 긴밀히 접촉해 왔는데, 그들이 여성 사제 서품에 어떻게 반응할 것인지를 최근에야 확신하게 되었다. 그렇다고 우리가 이 문제를 계속 논의해서는 안 된다는 말은 아니다. 무엇보다 우리는 여성들 자신이 이 문제에 관하여 무슨 말을 하고 있는지 주의 깊게 귀를 기울여야 한다.

교회의 공식 가르침과 대다수 가톨릭 신자 사이의 가장 비극적인 괴리는 1968년 교황 바오로 6세의 회칙 「인간 생명」Humanae Vitae이 공표

되면서 발생했다. 나는 사전에 바오로 6세에게 그 회칙에 관해 솔직히 의견을 제시하면서, 특히 '인공적' 산아제한과 '자연적' 산아제한의 구별이 많은 문제를 야기할 것이라고 경고했다. 이런 식으로 둘을 구별함으로써 속임수가 도덕적 본성보다 나을 수 있는 것처럼 보이게 만들었다. 그 이후 무수한 가톨릭 의사가 이 같은 구별은 결국 의학적으로 유지될 수 없다는 것을 내게 확신시켜 주었다. 바오로 6세는 내게 그 회칙이 일반적 규범에 관한 것일 뿐이라고 상기시켜 주었지만, 나는 그로 인해 가톨릭 가정에 말로 다 할 수 없는 문제가 야기될 것이며, 특히 여성 신자들에게 가슴 아픈 문제가 발생할 것이라는 사실을 교황이 제대로 이해하거나 실감하지 못하고 있다는 인상을 받았다.

「인간 생명」은 교회를 신뢰성 위기에 빠뜨렸다. 그 이후 성 윤리에 관한 교회의 가르침을 전개하는 일이 비참해졌다. 지침은 확실히 필요하지만 막중한 인간의 양심을 간과해서는 안 된다. 「인간 생명」이 공표된 후 두 달이 지난 1968년 10월, 오스트리아 주교회의는 당시 여러 다른 주교회의처럼 이른바 '마리아 위안 선언'을 공표하여, 산아제한 문제에 있어 진정으로 성숙한 양심의 막중함을 강조했다. 최근에 일부 극보수파 성직자들이 오스트리아 주교회의의 선언이 국민들을 혼란에 빠뜨렸다고 비난한 데 대해 나는 단호히 반대한다. 나는 그 선언문에 대해 당연히 교황 바오로 6세와 논의했고 나중에 교황 요한 바오로 2세와도 논의했다. 두 분 모두 그 선언문에 대해 어떤 반대 의견도 제기하지 않았다. 내용 중에 어떤 심각한 오류가 포함되어 있었다면 그들은 마땅히 문제를 제기했을 것이다.

그 선언에서 오스트리아 주교들은 바오로 6세가 회칙에서 분명히 밝힌 결혼과 책임 있는 어버이의 긍정적 역할 모델을 특별히 강조했다. 그리고 교황이 무류권을 가지고 말하지 않았음을 지적했다. 어떤 신자들은 개인적 입장에서 인공 산아제한을 무조건 금지하는 것을 받아들이기 힘들어할 수도 있다고 주교들은 말했다. 진지하게 양심 성찰을 하고 오랫동안 심사숙고한 후, 회칙의 가르침을 받아들일 수 없다는 결론을 내리게 된 가톨릭 신자들은 죄를 짓고 있는 것이 아니라고 주교들은 결론지었다. 그러면서 주교들은 그런 신자들이 다른 신자들 가운데 혼란을 확산시키지 않도록 확실히 자제해야 한다고 덧붙였다.

우리에겐 그리스도인의 결혼과 가정생활에 관한 분명한 원칙과 규범이 필요하고, 이런 규범을 가르치는 것이 주교와 사제들이 할 일이라는 것은 의심할 여지가 없다. 그리고 동시에 주교와 사제들은 심각하게 고민하고 부담스러워하는 사람들을 도와줄 의무도 있다. 아무리 중요한 것이라 하더라도 규칙과 규정만으로는 개인적 문제들을 항상 해결해 줄 수는 없다. 결국 산아제한은 개인의 성숙한 양심의 문제다. 제2차 바티칸 공의회는 양심을 정의하여 "사람들의 가장 은밀한 속마음이며 지성소다. … 그곳에서 그들은 홀로 하느님과 함께 있으며 하느님의 목소리가 그들의 깊은 곳에서 들려온다"고 했다. 그러나 개인의 양심이 그가 원하는 것은 무엇이든지 하도록 허락하는 허가증이 아니라는 점은 명심해야 한다.

거의 40년이 지나고도 「인간 생명」에 대한 현실적 우려는 여전히 타당성을 지니고 있다. 그릇된 정반대의 논리를 내세움으로써 그 의미가 불분명해진 것은 정말 불행한 일이다. 인간 생명 전달에 대한 경의, 급격한 인구 증가, 과학기술의 교묘함, 부모의 책임 같은 핵심 주제들은 당시와 마찬가지로 오늘날에도 중요하다. 나는 바오로 6세가 「인간 생명」에서 기술한 결혼의 긍정적 역할 모델과 부모의 책임을 늘 힘껏 강조해 왔다. 교황은 피임약 추방은 교의가 아니며 회칙이 절대 오류가 없는 것은 아니라는 점을 강조했다. 그는 도덕적 죄를 언급한 구절을 삭제했으며, 관면을 반드시 기부해야 한다는 말을 한 적도 없다.

안타깝게도 「인간 생명」은 교황이 피임약을 금지한 회칙으로만 기억될 것이다. 한 가지는 확실하다. 「인간 생명」은 아물지 않는 상처를 남겼다. 교회는 이런 문제에 더 큰 융통성과 이해를 보여 주어야 한다. 산아제한과 같은 미묘한 주제에 관한 지침은 최대한 민감하게 표현해야 하고 절대로 신자들을 절망에 빠뜨리는 소리로 들리지 않도록 조심해야 한다. 다음 교황에게 맡겨진 가장 시급한 과제 중 하나는 산아제한에 관한 논의를 재개하는 일일 것이다.

재혼한 이들에게 어떤 상황에서 성체를 받아 모시게 해야 하느냐 하는 문제도 이와 비슷하다. 이것 역시 일반적 규칙의 예외로 허용할 수 있는 문제다. 결혼은 해소할 수 없지만, 재혼이 반드시 죄가 아닌 경우가 있다. 다시 한 번 결론적으로 말하면, 그것은 양심이 결정할 문제다. 교회가 해야 할 중요한 일은 이 같은 문제들이 더 논의되어야 할 아물지 않은 상처임을 인정하는 것이다.

과거에 나는 개인의 양심 문제를 교황 요한 바오로 2세와 종종 거론해 왔다. 그는 깊은 이해심을 보여 주었지만 성직자의 관점을 강조하는 경향이 있었다.

이런 것들은 다음 교황이 직면해야 할 문제들 중 일부일 뿐이다. 오늘날 어느 누구도 정말로 교황이 되고 싶어 하지는 않을 거라고 나는 생각한다. 한 인간이 감당하기에는 책임져야 할 짐이 너무나 커졌다. 우리는 초대교회에서 했던 것처럼 분산된 지도 체제로 돌아가야 한다. 교회가 비록 민주주의는 아니지만, 어떤 민주적 요소를 지닌 오랜 전통을 이어 왔다는 사실을 잊어서는 안 된다. 교황은 선출된다. 수도회 장상들도 마찬가지다. 동방 가톨릭교회에서는, 오늘날에도 여전히 실행하고 있듯이, 1천여 년 동안 신자들이 주교를 선출하고 교황이 승인했다. 초대교회의 지도 체제로 돌아가려면 관점이 바뀌어야 한다. 이것은 서서히 진행되는 것이며 하룻밤 사이에 포고령으로 될 수 있는 일이 아니다. 하지만 우리가 전력을 기울여야 할 일이다. 그리고 우리는 회칙 「하나 되게 하소서」Ut Unum Sint에서 교황 요한 바오로 2세 자신이 요청한 바대로, 교황에 반대하지 않고 교황과 함께 새로운 관점을 키워 가야 한다.

교회 내 대화는 쉽지 않다. 우리는 걸을 수 있기 전에 뛰려고 하는 사람들이나 위험을 무릅쓰고 우물쭈물 한 걸음 내디뎠다가는 이내 뒷걸음질로 세 걸음 물러서는 사람들로 인해 혼란스러워하지 말아야 한다. 진보적인 사람도 보수적인 사람도 교회의 진로를 결정하지 못하게 해야 한다. 그들은 서로 보완해야 한다. 어느 한쪽을 배제하거나 한쪽이 오해에 근거하고 있음을 증명하려 애쓰는 것은 교회를 활기차게 하는 역동적 긴장을 앗아 가는 결과를 낳을 것이다.

나는 언제나 중용을 선호해 왔다. 그러므로 나는 교회 내 대화에 관한 이 장을 끝내기 전에 언론에서 종종 왜곡시켜 온 오푸스 데이와 나의 관계를 명백히 밝히고 싶다.

1950년대에 나는 오푸스 데이를 처음으로 알게 되었다. 그들이 교회에서 평신도의 중요성을 강조하는 점, 또 오푸스 데이 사제들은 서품되기 전에 세속의 전문직 자격을 얻어 그 일에 종사해야 하는 점 등이 퍽 인상적이었다. 그래서 나는 빈 대주교가 되고 1년 후인 1957년에 빈으로 오푸스 데이를 초대했다. 맨 먼저 온 오푸스 데이 사제는 호아킨 프란세스라는 사람이었다. 그가 하이다이빙과 공중제비, 스프링보드 트램펄린의 에스파냐 국가 챔피언이었다는 말에 나는 생각했다. '멋지다! 교회가 이제 성 슈테판 대성당만이 아니라 스포츠 세계에도 현존한다는 의미 아닌가!'

나는 제2차 바티칸 공의회 이전에는 오푸스 데이 창설자인 에스크리바 데 발라게르를 알지 못했다. 공의회 당시에 나를 포함한 주교들은 종종 그의 초대를 받아 로마의 비알레 브루노 부오치에 있는 오푸스 데이 본부를 방문했다. 그러나 이런 모임에서 오푸스 데이에 대한 언급은 별로 없었다. 논의의 주요 주제는 교회에서의 평신도 사도직의 중요성이었다. 제2차 바티칸 공의회가 열리기 전에 오랫동안 많은 곳을 여행한 에스크리바는 그리스도인 개개인의 일상생활에서 비롯되는 증언이 세상 안의 교회를 위해 얼마나 중요한 것인지 알고 있었다.

제2차 바티칸 공의회에서 교회는 평신도의 특별한 소명에 대해 최초로 권위 있게 천명했다. "평신도들은 특별히 교회가 오로지 평신도들을 통해서만 세상의 소금이 될 수 있는 그러한 장소와 환경 안에서 교회를 현존하게 하고 활동하게 하도록 부름 받고 있다"(교회 헌장 33).

창설자가 2001년에 시성된 후에도 여전히 오푸스 데이를 회의적으로 보고 불신하는 사람이 많다. 하지만 그것이 유별난 태도는 아니다. 교회 안에서 일어난 새로운 운동을 서먹하게 대하고 의심하는 것은 극히 당연하고 이해가 가는 일이다. 그런 운동이 무수히 생겨났다가 결국 흔적도 없이 사라지거나 분파로 전락해 온 까닭이다. 오푸스 데이가 그와 같은 부정적 이미지를 가지게 된 데는 여러 이유가 있다. 오푸스 데이에 대한 교회 내 비판의 뿌리 중 하나는 그들의 조직 때문이었다. 그 조직이 처음에는 세속의 협회와 같은 형태였지만 점차 성직 자치단personal prelature 같은 것이 되면서 교구 조직과 필연적으로 마찰을 빚게 되었다. 사람들은 오푸스 데이가 교회 내의 교회가 될 것을 우려했다. 더욱이 오푸스 데이는 원래 평신도를 위해 창설되었고 회원 중 사제는 2퍼센트에 불과한데도 때때로 '사제가 지배하고' 있다는 인상을 주어 왔다. 어쩌면 일부 사제가 각광을 받거나 자기 역할을 돋보이게 하는 데 지나치게 몰두했는지도 모른다. 또 오푸스 데이가 바티칸에서 많은 영향력을 가지고 있고 현 교황의 총애를 받는다는 소문도 종종 나돌았다.

쑥덕공론은 교회 안의 흔한 오락거리다. 게다가 개별 사건이 일반화되는 경향도 있다. 그러나 사람들, 특히 가톨릭 신자들은 그런 풍문들에 대해 걱정할 권리가 있다. 세상을 떠난 지 17년밖에 안 된 에스크리바가 그렇게 빨리 시복된 이유는 아마도 시복 절차가 사전에 간소화되고 소요 시간이 단축된 사실과 더 관련이 있을 것이다. 그의 경우는 새로운 규정하에서 실시된 첫 절차 중 하나였다. 그러나 성급하게만 보였던 그 시복이 그 시기에 적절했느냐 아니냐 하는 것은 전혀 별개의 문제다. 그렇게 유별나게 서두름으로써 필연적으로 야기하게 될 인상에 대해 좀 더 고민을 했어야 했다.

많은 가톨릭 신자가 오푸스 데이에 대해 불안하게 느끼는 또 하나의 이유는 회원 중 상당수가 정계와 재계는 물론, 심지어 군수산업계에까지 이르는 지도급 인사들이라는 점이다. 그런 사람들에게는 신앙생활에서조차 성과를 지나치게 강조할 위험이 늘 함께한다. 그런 까닭에 성취 지향적 사고방식과는 완전히 동떨어진 가톨릭 신자들과 긴장을 일으키기 쉽고, 신자들에게 반감을 불러일으켜 심지어 '그리스도교적이지 않다는' 생각마저 들게 한다. 우수함을 지나치게 강조하면 엘리트주의라는 인상을 풍긴다.

오푸스 데이는 또한 지나치게 신비주의를 고수하고 숨기는 전술을 쓰고 있다는 비난을 받아 왔다. 교회 안에 있는 모든 사람은 선택의 재량권이 있지만, 비밀 유지에 안간힘 쓰던 공의회 이전의 정신으로 되돌아가지는 말아야 한다. 신비주의 전략이 수상쩍은 활동을 감추려는 시도로 보일 수 있을뿐더러 교회가 또다시 그 안에 갇혀 바깥세상에 대해 문을 닫고 있다고 해석될 수 있기 때문에 그것은 악이며 하느님의 뜻에 반하는 것이라 생각된다. 오푸스 데이는 특히 많은 교회 기관과 운동 단체와 마찬가지로 재정수입을 공개하지 않는 전권을 가지고 있다. 하지만 이런 면에서 그들이 교회를 위해 사욕을 버리고 좋은 모범을 보이는 것이 더 가치 있지 않을까?

　오푸스 데이가 과거에 지니고 있던 부정적 이미지를 털어 내기는 쉽지 않다. 비판을 진지하게 받아들이는 것이 좋을 것이다. 내가 보기에 오푸스 데이는 창설자가 시성된 이후 이제 교회 안에서 자리를 잡은 것 같다. 그래서 기쁘다. 나는 오푸스 데이의 책임자들이 자신들의 영성이 지닌 특별함을 일반적 규범으로 삼으려 하지는 않으리라 생각한다. 그런 시도는 세상 물정을 모르는 것이고 역효과를 내게 될 것이다. 교회에는 많은 오푸스 데이 회원처럼 모범적 삶을 살며 신앙을 증언할 그리스도인들이 절실하다. 그러나 이것은 그들이, 혹은 교회의 다른 운동 단체 회원들이 여타 가톨릭 신자들의 '신앙'의 잣대가 된다는 의미가 아니다. 다원화된 세계에서, 그리스도인들이 자신의 신앙과 그 믿음을 바탕으로 자신들이 사는 방식을 공개적으로 밝힐 때는 어떻게 표현을 할 것인지 각별히 신중을 기해야 한다. 상당 부분이 그들의 어조와 용어 선택에 달려 있다. 호전적이거나 근본주의적인 목소리를 내기는 더할 나위 없이 쉽다. 그리스도교 역사에는 편견에 찬 맹목적 호전성이 복음 메시지를 무자비하게 조롱하던 사례가 가득하다는 것을 항상 마음속에 간직하고 있어야 한다. '다양성 안의 일치'가 모토인 교회 안에는 다른 문화와 언어, 학파, 신앙 형식을 수용할 여지가 늘 함께한다. 이것을 한결같이 지켜 가고자 우리는 모든 노력을 기울여야 함이 마땅하다.

3
교회일치를 위한 대화

철의 장막 뒤에서 박해받던 그리스도인들과의 대화가 동방의 우리 자매 교회들과의 대화로 이어졌다. 이 일들은 모두 우연히 시작되었다.

비오 12세 때, 모든 교회는 공산주의 세계와의 접촉을 중단했다. 어떤 형태의 대화도 끊어졌다. 공산주의 반대 운동 계획을 애초에 바티칸이 제안한 것은 아니지만 그렇다고 거부하지도 않았다.

    티토에 의해 여러 해 동안 옥살이를 하다가 가택 연금 상태에 있던 자그레브의 스테피나크 추기경이 선종했다는 소식을 내가 전해 들은 것은 1960년 2월 10일이었다. 정상적인 상황이라면 빈 대주교인 내가 장례식에 참석하는 것은 당연했다. 게다가 내 경우에는 참석해야 할 이유가 한 가지 더 있었다. 나는 스테피나크를 로마에 있는 독일 신학대학 제르마니쿰Germanicum에서 공부하던 학창 시절부터 알고 있었다. 그는 우리 대학 배구 선수로서 단연 최고였고, 나는 1학년생으로 그의 팀에 소속되어 있었다.

　1960년의 오스트리아와 유고슬라비아 국경 지방은 여전히 공산주의 세계와 서방세계를 갈라놓은 철의 장막 아래 있었고, 따라서 가톨릭 성직자들에게는 철저히 봉쇄되어 있었다. 비자를 절대 받지 못할 것을 알고 있었지만, 가고 싶다는 뜻을 공개적으로 표명하기 위해 나는 비자 신청을 결정했다. 그런데 예상 밖으로 정말 놀랍게도 고작 이틀 후에 비자 신청이 받아들여졌다는 통보를 받아, 나는 장례식에 참석할 수 있게 되었다. 이날이 2월 12일이었고 장례식은 이튿날인 13일이었다. 길이 빙판이라 우리 일행은 속도를 내지 못했지만, 그라츠에서 밤을 보낸 후 13일 이른 시간에 유고슬라비아 국경을 넘는 데는 어려움이 없었다. 크로아티아의 작은 도시 바라스딘을 막 통과할 때 우리 차가 미끄러지면서 마주 오던 자동차와 정면으로 충돌했다. 운전기사가 즉사하고 비서와 나는 크게 다쳤다.

　머리에 심한 부상을 입고 턱이 부러진 채 나는 그 지방 병원에서 의식을 회복했다. 독일 말을 하고 그 후 수년간 나와 연락을 주고받은 담당 의사가 일인용 병실을 마련해 주었다. 침대를 하나 들여놓기에 딱 알맞은 작은 방이었다. 내가 눈을 떠 처음 본 것은 침대 끄트머리 벽에서 나를 내려다보고 있는 티토의 거대한 사진이었다. 원수 군복을 입은 유명한 티토 사진 말고는 아무것도 못 보고 옴짝달싹 못한 채 나는 여러 날을 누워 있어야 했다. '이 사고가 나의 인생에 어떤 의미가 있을까?' 하고 자문해 보았다. 그때, 빈의 대주교는 철의 장막 뒤에 있는 나라들과 지리적으로나 역사적으로 가장 가까우므로 공산주의 치하에서 박해받는 교회들을 돕는 데 더욱더 노력해야 할 것이라는 생각이 떠올랐다. 회복 기간 내내 이 생각이 머릿속을 떠나지 않았다. 지나고 나서 보니 그때가 내 인생의 중대한 분수령이었음을 깨달았다.

공산주의의 공격적 국면이 끝난 것처럼 보이자, 나는 빈의 대주교로서 철의 장막 뒤에 있는 교회들과 접촉할 방법이 어떤 게 있는지 궁리하기 시작했다. 빈은 동유럽으로 갈 수 있는 단순한 교두보를 넘어 동유럽 사람들이 서유럽을 방문할 수 있고 그 반대로도 가능한 다리가 되어야 한다고 나는 결론지었다. 그렇다고 나 자신을 외교관이나 교회 정치인이라고 생각하지는 않았다. 나는 무엇보다 사목적 관심이 우선이었다. 사제라는 독일어 'Seelsorger'는 문자 그대로 번역하면 '영혼을 돌보는 사람'이다. 그러므로 나는 전체주의국가에서 신앙 때문에 박해를 받고 있는 사람들에게 그들을 잊지 않았다는 것을 보여 주고, 그들의 고통을 덜어 주는 방법을 찾는 것이 나의 의무라고 생각했다.

내가 바라스딘의 병원에 누워 있던 1960년 무렵, 바티칸은 우리가 동유럽권 나라들과 어떤 접촉을 하기에 앞서 공산주의가 붕괴되길 기다려야 한다는 확신을 고수하고 있었다. 하지만 그 기다림은 이미 기약이 없어 보였다.

당시로부터 3년 전에 나는 폴란드의 고위 성직자인 비신스키 추기경을 빈에서 만난 적이 있다. 그와의 첫 만남은 참으로 특별했다. 1957년 5월 7일 유난히 평화로운 봄날 정오, 나는 체코슬로바키아 국경의 오스트리아 국경 수비대로부터 비신스키 추기경이 열차를 타고 철의 장막을 방금 넘어왔으며 로마로 가는 길에 빈을 통과할 것이라는 연락을 받았다. 공산주의에 대한 폴란드 교회의 저항과 관련하여 그 폴란드 고위 성직자의 이름이 서방에서 이따금 등장하기는 했지만 그때까지는 그를 잘 알지 못했다.

비신스키 추기경이 탄 열차가 빈을 향해 달려오고 있다는 소식은 삽시간에 들불처럼 퍼져 나갔다. 그가 빈에 도착하자마자 수많은 군중에 둘러싸일 것이고 기자들이 통제할 수 없이 몰려들 것을 우려해야 할 형편이었다. 정말 얼마 되지 않아, 철의 장막을 넘어 빈에 도착하는 열차가 드문 기차역과 도심의 대주교관 주변에 호기심 많은 구경꾼들이 모여들기 시작했다. 수많은 외국 기자들 무리로부터 비신스키 추기경을 보호하기 위해 나는 즉시 체코슬로바키아 국경을 향해 북쪽으로 차를 달려 빈에서 멀지 않은 도시 가엔세른도르프에서 그의 열차에 올라탔다. 서로 초면인지라 내 소개를 먼저 하고 환영의 뜻을 전한 다음, 내 차로 옮겨 타고 빈으로 계속 여행하자고 요청했다. 그를 수행하고 있는 주교 세 명은 계속 열차로 갈 수 있다고도 덧붙였다.

예기치 못한 상황에 추기경은 놀란 기색이 역력했다. 창백하기 짝이 없는 얼굴에 의문이 가득한 큰 눈으로 뚫어져라 나를 바라보았다. 열차로 빈에 도착했다가는 내리는 즉시 서방 기자들에게 에워싸이게 될 것이라는 말에 그는 내 제의를 기꺼이 받아들였다. 우리는 내 차로 빈을 향해 계속 달려갔다. 나 역시도 신경이 쓰이고 어찌할 바를 몰랐다. 1957년 당시만 해도 폴란드 고위 성직자가 열차로 장막을 그냥 넘어왔다는 것은 거의 기적 같은 일이었다. 서유럽의 가톨릭 주교가 빈에서 폴란드나 혹은 자동차로 금방 갈 수 있는 헝가리를 방문하는 것도 상상조차 할 수 없었기에, 나 자신이 멀지 않은 장래에 이들 두 나라를 여행하게 되리라고는 꿈에도 생각지 못했다.

자동차 안에서 우리는 별로 말이 없었다. 대화는 이탈리아 말로 했다. 겉으로는 차분하나 속으로는 움츠린 채 나의 손님은 줄곧 창밖만 내다보았다. 그때 나는 그의 마음이 여전히 바르샤바에 가 있으며 박해받는 폴란드 교회를 생각하고 있다는 느낌을 받았다. 지금은 아는 사실이지만, 그날로부터 불과 며칠 전인 5월 1일에 폴란드 공산당 서기이자 당시 폴란드 총리였던 고무우카 장군이 추기경과 밤늦게까지 여러 시간을 함께하면서 추기경에게 교황 비오 12세 알현을 '자기 식으로 준비시키려' 애를 썼지만 별 성과가 없었다.

빈을 향해 니더외스터라이히의 포도원을 지날 무렵 추기경이 내게 던진 물음들을 아직도 나는 또렷이 기억한다. 줄곧 생각에 잠겨 있던 그가 별안간 물었다. "당신 생각에는 하느님이 우리를 위해 무슨 계획을 가지고 계신 것 같습니까? 그분은 공산주의 국가에 있는 교회의 장래를 어떻게 보고 계신 걸까요? 우리가 나아갈 길은 어디며 언제쯤이면 터널에서 벗어나 빛을 보겠습니까?" 그것이 우리의 첫 만남이었다. 내게는 참으로 인상 깊은 만남이었으며 그때 주고받은 말들은 내게 생각할 거리를 많이 남겨 주었다. 그 후 수년 동안 우리는 가까운 친구로 지냈다.

비신스키 추기경이 로마에 도착한 뒤 비오 12세를 알현하기까지 여러 날을 기다려야 했다는 소식을 곧 접했다. 그는 자신이 공산주의 정부와 접촉하고 있기 때문에 바티칸이 자신을 전적으로 신뢰하지 않는다는 것을 뒤늦게 눈치챘다. 그러나 교황과 수차례 긴 대화를 나눈 후, 그는 자신이 완전히 신뢰할 수 있는 사람임을 비오 12세에게 납득시키는 데 성공했다. 그러고는 모든 일이 순조롭게 진행되었다. 지난 일을 돌이켜 볼 때, 내가 빈에서 폴란드 고위 성직자와 만난 일이야말로 바티칸이 나아갈 방향을 개척해 준 사건이었다고 나는 믿는다. 비신스키 추기경은 선구자였다. 바티칸이 동유럽과 접촉하기로 결정하기 훨씬 전에, 그는 폴란드 정권과 대화를 시작했다. 그리하여 그것을 바티칸의 대對 동유럽 공산권 정책의 방향을 바꾸는 신호탄으로 만들었다.

▎요한 23세가 동방을 향한 창문을 열다

교황 요한 23세와 더불어 결정적 전환기가 찾아왔다. 그는 교조주의자가 아니었던 만큼, 독단주의에 반대하는 입장에서도 비오 12세의 뜻을 저버리지 않았다[비오 12세는 '가톨릭 교회일치운동의 대헌장'이라고 불리는 훈령 「가톨릭교회」(1949)를 반포, 교회일치는 성령의 은총에 힘입어 추진되는 운동이라고 선포했다 — 옮긴이]. 그는 대화에 관심을 두면서 개인적 접촉의 긍정적 효과를 신뢰했다. 취임 초기에 있었던 알현에서 그는 내게 동유럽과의 대화 계획을 자세히 들려주었다. 아울러 철의 장막 뒤의 교회와 접촉하기를 촉구하면서 나더러 서방과 동방의 친교 회복을 향해 나아가는 '톱니바퀴의 작은 톱니 하나'가 되어 달라고 부탁했다. 내가 할 수 있는 역할은 보잘것없는 것에 지나지 않으리라는 것을 잘 알고 있었지만 그 일은 분명 내 인생에 엄청난 변화를 가져왔다.

가톨릭교회와 정교회의 대화가 가까스로 시작된 1961년에 이미 나는 요한 23세에게 내가 존경해 마지않는 총대주교 아테나고라스 1세를 방문하고 싶다는 뜻을 밝혔다. 교황은 열렬히 환영하며 내게 즉시 로마를 떠나 이스탄불로 가도록 권했다.

총대주교는 나를 따뜻이 맞아 주었다. 그는 요한 23세의 결단에 탄복했다. 일찍이 "하느님께서 보내신 사람이 있었는데 그의 이름은 요한이었다"라는 요한 복음서의 머리글을 인용한, 간단하지만 극적인 표현으로 바티칸 고위 관리를 영접한 이가 바로 아테나고라스 총대주교다.

아테나고라스 총대주교는 지성이 출중하고 신심이 깊은 사람이었다. 한동안 미국에 머물렀던 그는 정교회가 이제 더는 고립되어 있을 수 없음을 절감했다. 파나르에서 사흘을 함께 지내는 동안 총대주교는, 개인적으로 자신에게는 교황의 수위권이 그리스도교 일치에 방해가 되지 않는다는 사실을 내게 확인해 주었다. 우리는 친구가 되어 헤어졌다. 그 후 얼마 안 되어 우리의 우정을 돈독히 할 기회가 왔다. 그가 치료차 오스트리아를 방문해 빈에서 멀지 않은 곳에서 몇 주를 보낸 것이다.

공산주의에 대한 비오 12세의 비타협적 태도가 헝가리에서뿐 아니라 다른 동유럽 나라들에서도 격렬한 반종교운동을 촉발시켰다. 요한 23세는 그런 태도를 근본적으로 바꾸려 했다. 그는 슬라브족 사람들과 화해하려는 자신의 계획에 대해 언제나 내게 상세히 일러 주었다. 불가리아 주재 교황사절로 있는 동안 그는 슬라브족 사람들을 이해하고 사랑하게 되었으며, 심원한 영적 유산을 간직하고 있는 그들을 정치체제가 다르다는 이유만으로 단죄하지 않는 것이 얼마나 중요한 일인지 알고 있었다. 그는 세계 평화를 위해 서로가 함께할 실천 방안을 모색해야 한다고 굳게 믿었다.

요한 23세가 나더러 부다페스트에 있는 민첸티 추기경을 방문해 달라고 한 것은 취임 초기에 있었던 한 알현에서였다. 민첸티 추기경은 1956년 헝가리 혁명 당시 미국 대사관으로 피신하여 고립된 생활을 하고 있었다. 당시로서는 철의 장막을 넘어가는 일이 가톨릭 성직자에게는 여전히 불가능했던 터라 부다페스트 방문은 쉽지 않을 것이라고 답변하자 교황은 특유의 단도직입적인 태도로 말했다. "그게 뭐 그리 어렵습니까? 빈에 있는 기차역으로 가서 부다페스트행 표를 사서 바로 떠나세요!"

말처럼 쉬운 일은 결코 아니었지만, 바티칸과 오스트리아 당국이 내게 비자를 받아 줄 수 있었다. 나는 공식 일정을 수차례 바꿔 가며 기자들을 따돌리는 데 성공하고는 자동차로 무사히 국경을 넘어 부다페스트로 달려갔다.

민첸티 추기경을 처음 만났던 순간을 나는 결코 잊지 못할 것이다. 추기경은 미국 대사관 3층에서 나를 기다리고 있었다. "교황은 내가 어찌하길 원하십니까?" 자신의 작은 방으로 나를 안내하면서 추기경은 크고 우울한 눈에 걱정스러운 빛을 가득 담고 물었다. 곧바로 그는 라디오 음량을 최대로 올렸다. 대사관이 도청된다고 믿었기 때문이다. 우리는 라틴어로 대화를 나누었다. 신앙 때문에 너무나 큰 고통을 겪으면서 그토록 절망적으로 외로워하는 사람의 불안과 희망에 귀를 기울이는 동안, 철의 장막 뒤에서 박해받는 교회와 접촉하려는 나의 선택이 옳았음을 깨닫게 되었다. 서방 형제자매들의 관심을 공산주의 국가 그리스도인들에게 보여 주는 것이 빈 대주교의 필수적이고도 가장 중요한 의무였다.

그날 민첸티 추기경과의 첫 만남은 장차 있을 여러 차례 방문의 시작에 불과했다. 그 후 약 11년에 걸쳐 나는 1년에 한두 번씩 꼬박꼬박 그를 방문했다. 공의회가 진행되는 동안에는 관련 자료를 항상 그에게 가져다주었다. 그는 무척 고마워하면서 자료들을 책상에 올려놓았지만 그것들을 읽었는지는 알 길이 없다. 그다음 방문에서 내가 공의회에 대한 화제를 꺼내도 그는 아무 말이 없었다.

민첸티 추기경은 비오 12세에게 크게 감탄했고, 요한 23세에 대해서는 서먹해했지만, 바오로 6세는 매우 존경했다. 민첸티 추기경 스스로 헝가리를 떠나게 되기를 바오로 6세가 원했으므로 나는 여러 차례 부다페스트를 방문하여 그를 로마로 오도록 설득했다.

1971년, 마침내 설득에 성공했다. 민첸티 추기경은 잠시 로마에 머물렀으나 행복을 느끼지 못했고, 인생의 마지막 3년을 빈에서 보냈다. 처음부터 나는 그의 용기에 더할 나위 없이 감탄했으며 그 마음은 지금도 여전하다. 제2차 세계대전 당시 신앙 때문에 나치의 게슈타포에 의해 이미 수감되었던 그는 그 후 강제수용소에 8년간 갇혀 있다가 다시 부다페스트의 미국 대사관에 있는 작은 방 두 개에 갇혀 15년을 보냈다. 그는 진정한 순교자였으며 타협하지 않고 교황에 충성했다.

민첸티 추기경을 방문하도록 처음에 요한 23세가 나를 동유럽으로 보낸 것은 맞지만, 많은 사람이 오해하고 있는 것처럼 나는 결코 바티칸의 외교관이거나 바티칸의 대對 동유럽 공산권 정책 담당자가 아니었다. 이 점을 누차 설명했으나 아쉽게도 허사인 듯했다. 나는 정부 관리나 그들의 대표와 협상한 적이 없다. 그런 일은 언제나 오로지 바티칸 국무원이 할 일이다. 민첸티 추기경을 방문하는 일이 내게 주어진 이유는 단순하다. 우연히 내가 지리적으로나 역사적으로 그 일에 가장 적합한 대주교였다. 게다가 빈 대주교로서 내가 철의 장막을 넘을 수 있다는 것을 일단 알고 나서는, 유고슬라비아에서 사고를 당한 후에 내가 했던 결심, 즉 동유럽에서 박해받고 있는 신자들과 개인적으로 접촉하여 그들을 돕기 위해 내가 할 수 있는 모든 일을 하겠다는 결심을 추진할 수 있었다. 그러한 개인 접촉이 철의 장막 양편 그리스도인들의 유대 의식을 강화할 것이라는 나의 예상은 곧 들어맞았다. 처음에는 물론 엄청나게 비판을 받았다. 내가 그곳을 방문하면 공산주의 정부의 위상을 높여 주게 된다고 우려하는 사람들이 있었고, 동유럽 가톨릭 신자들에게 그런 이들은 등에 칼을 꽂는 배신자로 보였을 것이다. 상황이 더 이상 나쁠 수가 없었다.

동유럽을 여행할 때마다 우리가 자신들을 잊지 않은 것을 대단히 고마워하는 그곳 신자들을 만날 수 있었다. 몇 년 후 오스트리아 정부의 한 고위 인사는 나의 동유럽 여행이 오스트리아 정치인들에게 그들 역시 동방의 이웃들에게 실천해야 할 의무가 있음을 상기시켜 주었다는 말을 해 주었다.

빈은 수세기 동안 동방교회들과의 대화 장소였다. 오스트리아-헝가리 제국이 1918년에 멸망하고 50년이 지났지만, 오스트리아는 동유럽 사람들로부터 여전히 좋은 평판을 받고 있었다. 동유럽의 수많은 이가 오스트리아의 라디오와 텔레비전 프로그램을 접할 수 있었다. 게다가 오스트리아는 중립국이었기 때문에 공산주의 국가들을 방문하는 일이 나토 국가 주교보다 오스트리아 주교에게 훨씬 더 수월했다.

제2차 바티칸 공의회 제3차 회기가 교회일치에 관한 교령을 통과시키면서 끝나기 2주일 전, 나는 로마 가톨릭교회와 정교회 및 오리엔트 정교회 사이에 교회일치 관계를 증진시키고 수세기 동안 끊어졌던 대화를 재개하기 위해, 빈에 일종의 지역 교구 기관인 '프로 오리엔테'Pro Oriente 재단을 설립하기로 결정했다. 프로 오리엔테는 로마와 온전히 일치한 그리스-가톨릭교회들과는 어떤 공식 접촉도 하지 않을 것임을 맨 처음부터 결정해 놓았다. 나는 백 년 묵은 원한에 연루되어 정교회와의 대화를 훨씬 더 어렵게 만들고 싶지 않았다. 어쨌든 그리스-가톨릭교회는 바티칸 동방교회성 관할이었다.

빈에는 수백 년 동안 정교회 공동체가 존재해 왔고 교회일치 분위기가 무르익어 있었다. 나는 보조성의 원리를 실천할 수 있는 방법을 가르쳐 주려고 애를 쓰기도 했다. 지역 교회, 즉 개별 교회는 보편 교회가 역량을 십분 발휘하여 일하고 있는 곳이다. 나는 지역 교회가 하는 일이 얼마나 가치 있는 일인가를 실증하는 것이 중요하다고 생각했다. 어떤 문제들은 세계 교회가 처리하기 전에 지역 차원에서 먼저 논의하는 것이 더 좋을 때도 있다. 프로 오리엔테는 종종 일을 비공식적으로 추진할 수 있었는데, 이는 공식적 차원, 즉 바티칸 차원에서는 생각할 수 없는 일이었다. 우선 무엇보다도 나는 수세기 만에 성사된 동방의 우리 자매 교회들과의 첫 대화를 위해 바티칸에서 우호적 분위기 비슷한 것을 조성하는 것이 가능했으리라고 생각하지 않는다. 오랜 세월 쌓여 온 두려움과 적의가 너무나 큰 장애가 되었을 것이다. 우리는 예비적 성격의 교회일치 토론을 할 수 있는 공개 토론회 같은 것을 로마 밖에서 개최할 필요가 있었다. 그렇게 함으로써 우리는 무엇보다 서로를 알게 될 수 있었다. 내가 책임을 진다는 전제하에 이 같은 목표를 빈에서 임의로 추진했다. 바티칸 관리들의 방해도 없었고 바티칸에 부담을 주지도 않았다.

당시에 나는 교황청이나 그리스도교 일치 촉진 사무국과 퍽 관계가 좋았다. 따라서 우리는 아무 거리낌 없이 일을 진행해 나갈 수 있었고, 프로 오리엔테는 정교회뿐 아니라 오리엔트 정교회와도 정기적 협의와 회합을 가지기 시작했다. 바티칸에 있는 그리스도교 일치 촉진 사무국과 항상 조정을 해야 했지만 우리는 완전히 자유로웠다. 프로 오리엔테는 교황 요한 23세 치하에 바티칸이 동방의 자매 교회들에 손을 내밀기 시작한 포용 정책의 선발대가 되었다. 말하자면 그것은 교회일치 분위기를 측정하는 지표였다. 1960년대와 1970년대는 교회일치 운동의 평온하고 행복했던 시절이었으므로 오래지 않아 빈은 동방과 서방이 빈번히 오가는 다리가 되었다.

1967년에 나는 루마니아 정교회 유스티니안 총대주교 초청으로 루마니아를 방문하게 되었다. 공산주의 당국이 로마 가톨릭 추기경에게 루마니아 입국을 허용한 것은 그때가 처음이었다. 그리고 나는 동유럽에 있는 정교회를 방문한 첫 추기경이었다. 바티칸과 루마니아 정교회 관계는 긴장 상태였다. 그리스-가톨릭교회가 루마니아 정교회에 강제 통합되었던 것이다. 로마와의 모든 접촉이 단절된 루마니아 정교회는 제2차 바티칸 공의회에 참관인을 보내지도 않았다. 당시 교황청 그리스도인일치촉진평의회 의장이 루마니아를 방문하려 했지만 입국 비자를 받지 못했다. 두 교회 사이에 어떤 형태의 대화도 막힌 듯 보였다. 그런데 루마니아 정교회는 모스크바 총대주교 관구에 이어 두 번째로 큰 독립된 정교회일 뿐 아니라, 모스크바와 콘스탄티노플 사이의 중요한 중재 역할도 했다. 나는 첫 방문에서만은 그리스-가톨릭교회에 대한 극히 미묘한 문제를 거론하는 것은 되도록 피하면서, 교회일치 분위기를 개선할 수 있게 되기를 바랐다.

공항에서 나는 유스티니안 총대주교와 알바 이울리아의 아론 마르톤 주교의 영접을 받았다. 마르톤 주교는 여전히 루마니아에서 사목하고 있던 유일한 로마 가톨릭 주교였기에 나는 그를 만난 것이 매우 기뻤다. 그는 강제수용소에서 6년을 보낸 다음 다시 10년 가까이 가택 연금 상태에 있었다. 나는 그를 면회하려고 루마니아 당국에 특별히 요청했었는데, 공항에서 그가 나를 기다리고 있는 것을 보자 내가 알바 이울리아까지 그를 만나러 가는 것을 당국이 원치 않아서 그가 부쿠레슈티로 온 것이라는 생각이 들었다. 나중에 들은 자초지종은 이러했다. 마르톤 주교는 가택 연금 상태에 있었기 때문에 부쿠레슈티로 오려면 공산주의 당국에 특별 허가를 신청해야 했다. 그러나 주교는 자신이 정권의 손아귀에 들어 있음에도 불구하고 공산주의 당국에는 절대 어떤 것도 요구하지 않는 것을 원칙으로 하고 있었다. 그래서 공산주의자들은 그를 강제로 끌고 와서 나와 만나게 한 것이다. 그 얘기를 듣자마자 나는 당국에 항의했다. 한 달 뒤에 마르톤 주교는 신분증을 돌려받고 가택 연금에서도 풀려났다. 이로써 그는 16년 만에 처음으로 본당들을 방문하여 견진성사를 베풀 수 있게 되었다.

유스티니인 총대주교와 나는 신학생들을 교환하기로 했다. 그리고 1년 후에는 그가 빈을 방문하게 되었다. 나의 권유로 그는 전통적으로 사제를 서품하는 날인 성 베드로와 성 바오로 대축일(6월 29일)에 성 슈테판 대성당 강론대에 올랐다. 당시만 해도 우리의 자매 교회에서 온 주교들이 가톨릭 미사 중에 강론을 하는 것은 매우 드문 일이었기에 여전히 많은 이가 그들을 정통이 아니라고 여겼다. 그럼에도 양쪽의 반응은 대단히 긍정적이었으며 서로 간에 신뢰를 높이고 불신을 없애는 데 도움이 되었다.

그때부터 나는 프로 오리엔테 협의를 위해 나의 손님으로 빈에 오는 주교들에게 성 슈테판 대성당에서 강론을 해 달라고 청했다. 빈에 머무는 동안 유스티니안 총대주교는 제2차 바티칸 공의회가 지방분권을 촉진하고 지역 주교회의가 더 큰 독립성을 가지게 함으로써 가톨릭교회가 정교회 시노드 정관에 더 가까워지게 되었다는 자신의 견해를 들려주었다. 또 이와 같은 양측의 접촉(오스트리아에서 루마니아 정교회와 가톨릭교회가 접촉하는 것)이 가톨릭교회와 정교회의 정상회담으로 발전할 수 있을 것이라고 그는 내다보았다. 그의 성공적인 빈 방문으로 언젠가는 바티칸과 루마니아 정교회 사이의 교회일치 관계가 개선될 것임에는 의심의 여지가 없다고 나는 생각한다.

나와 러시아정교회의 관계는 제2차 바티칸 공의회로 거슬러 올라간다. 공의회 둘째 날, 콘스탄티노플의 정교회 총대주교가 공의회에 참관인 파견을 거부했다는 얘기를 들은 직후(오해였음이 나중에 밝혀졌다) 성 베드로 대성당에서 정말 우연히 러시아정교회 대표들과 갑자기 마주쳤을 때 나는 얼마나 놀랐는지 모른다. 러시아정교회 주교회의는 교황 요한 23세의 초청을 받아들이기로 결정하고 공의회에 참관인 2명을 파견했다.

이 같은 조치가 내려진 것은 주로 레닌그라드와 노프고로드의 관구 대주교 니코딤의 영향력 때문이었다. 그는 러시아정교회를 고립에서 벗어나게 하여 국제적으로 더 널리 알려지게 하고 싶어 했다. 3년 동안 예루살렘에 있으면서 여러 그리스도교 교파 사이에 너무나 큰 적의가 존재하는 것을 직접 목격하면서 그는 깊이 애통해했고 그리스도교의 일치를 갈망하게 되었다. 니코딤 대주교는 교회일치를 위한 대화를 권장하는 교황 요한 23세에게 큰 감명을 받았다. 그분의 깊은 신앙과 소박함에도 감동했다. 니코딤 대주교는 가톨릭교회에 대한 전문 지식을 가지고 있었으며 1963년에는 로마를 방문했다. 공의회가 끝나고 몇 년 뒤에 그가 출간한 요한 23세 전기는 로마와 모스크바 사이의 이해 증진에 크게 기여했다.

공의회를 참관한 러시아정교회 대표 중 한 사람은 대사제 비탈리 보로포이였다. 저명한 교회 역사가인 그는 1969년부터 세계교회협의회의 러시아정교회 대표였고 모스크바 총대주교 관구의 외교부 고문이었다. 그는 공의회 참관인들에 대한 그리스도교 일치 촉진 사무국의 환대와 특별한 배려에 매우 감동했다. 보로포이는 2년 후에 창립된 프로 오리엔테의 가까운 친구가 되었고 회합에도 자주 참석했다. 나는 당시 빈에 있는 러시아정교회 지도자인 필라레트 데니센코 대주교도 창립식에 초청했다. 곧이어 양 교회는 교환 방문을 시작했다. 그 후 몇 년 동안, 프로 오리엔테 대표단이 키에프와 레닌그라드, 자고르스크, 모스크바로 갔다. 그리고 러시아정교회 신학자들은 빈으로 와서 교회 일치 심포지엄과 원탁회의에 참석했다. 토론의 주요 주제는 교황의 수위권, 교회론, 협의 정신에 집중되었다.

1974년에 프로 오리엔테는 범汎정교회 협의회에 각 교회 대표자로 참석하는 신학자들과의 비공식 접촉을 통해, 빈에서 열린 '친교'*koinonia*라는 '비공식 교회론 토론회'에 그들을 개인적으로 초청했다. 토론 주제는 신앙 안에서의 일치, 다양한 신앙 표현 방식, '자매 교회'라는 말과 1054년 상호 파문의 철회가 지닌 교회론적 중요성, 성사적 및 교회법적 일치의 현실적 전망이었다. 토론회는 바티칸 그리스도교 일치 촉진 사무국과 샹베지에 있는 정교회 총대주교 관구 센터가 지원함으로써 중요한 행사가 되었다. 그리하여 현재 신앙교리성 장관 추기경인 요제프 라칭거 교수를 비롯한 유명 신학자들이 토론회에 참석했다. 되돌아보건대, '친교' 토론회는 획기적인 것이었음에 의심할 여지가 없다. 이런 행사가 없었다면 6년 후에 공식적인 가톨릭-정교회 대화가 출범할 수 있었을지 의심스럽다.

1976년, 1054년의 종파 분립 무효화 10주년을 기념하여 프로 오리엔테는 '교회일치운동의 미래에 대한 전망'이라는 주제로 토론회를 개최했다. 라칭거도 참석했다. 당시에 대단히 큰 관심을 끌었던 주목할 만한 연설에서 그는 교회의 가르침에 대한 철저한 연구와 대분열 이전의 교황 수위권 관행이 정교회와의 화해에 결정적으로 기여할 수 있을 것이라고 밝혔다. 로마의 수위권이 처음 1천 년 동안 공식화되고 관례가 되었던 그 방식으로 이 문제는 충분히 해결될 것이라고 강조했다. 로마는 더 이상을 요구하지 않았다.

1980년 9월에 나는 소련으로 파견된 프로 오리엔테 대표단과 동행했다. 빈의 대주교가 소련을 방문한 것은 그때가 처음이었고 그것은 나의 자발적 의사였다. 공식 방문은 아니었지만, 소련 치하의 러시아 정교회와 아르메니아 사도 교회(정교회), 그리고 그루지야(조지아) 정교회들을 순례한 여행이었다. 소련 당국과는 접촉하지 않았다. 나는 이들 교회에 우리가 그들을 잊지 않고 있으며 그들의 우정을 대단히 높이 평가한다는 사실을 알려 주고 싶었다. 지난 15년에 걸친 동유럽 방문을 통해서 나는 개인적 접촉이야말로 교회일치 면에서 제일 중요하다는 신념을 확인할 수 있었다.

우리는 먼저 모스크바를 방문하고 나서 러시아정교회의 영적 중심지인 자고르스크를 방문했다. 피멘 총대주교의 영접을 받았지만 알현 시간은 짧았다. 나는 러시아정교회 고위 성직자들이 외국인 방문객 면담에 과거보다 더 신중을 기하고 있음을 금세 알아챘다. 니코딤 대주교의 후임인 유베날 대주교는 피멘 총대주교보다 좀 더 허심탄회하게 대해 주었다(니코딤 대주교는 2년 전인 1978년에 로마에서 교황 요한 바오로 1세를 알현하던 중 49세의 나이로 너무나 갑자기 사망했다). 그는 우리에게 러시아에서는 신학생 수가 꾸준히 증가하고 있으며 현재 900명이 통신강좌로 종교교육을 받고 있다고 했다. 또한 무신론 문학이 젊은 사람들에게 본의 아니게 긍정적 영향을 주고 있었다. 무신론 문학이 순전히 세속적인 문제에 집중하면서 너무 눈에 띄게 이념 선전을 하는 바람에 종교적이고 영적인 문제에 대한 관심을 오히려 높여 주었다고 그는 말했다.

나는 지난 15년 동안 바티칸 비신자 사무국을 주재해 왔고 또 이번이 나의 첫 소련 방문이었기 때문에, 10월혁명 이후 60년이 지난 지금 종교에 대한 소련의 공식적 태도가 어떤 식으로든 변했는지, 그리고 1980년대에는 무신론을 어떻게 선전하고 있는지 알고 싶었다. 레닌그라드에 있는 무신론 박물관도 예전부터 방문하고 싶었다. 하느님이 없다는 것을 증명하는 전시물들이 여러 해에 걸쳐 더 세련되어졌다는 말을 들었기 때문이다. 그래서 우리가 모스크바에 있는 동안 어느 날 저녁에 혼자 살짝 빠져나와 레닌그라드행 야간열차를 타기로 결심했다.

나는 신분을 숨기고 암행할 작정이었지만 불행히도 감시를 받고 있음이 분명했다. 이튿날 레닌그라드에서 내가 열차에서 내리자, 처음 보는 러시아정교회 사제 하나가 승강장에서 나를 기다리고 있었다(그후 얼마 안 되어 그는 현재 러시아정교회 총대주교 알렉시스 2세가 되었다. 그리고 프로 오리엔테의 좋은 친구가 되었다!). 그가 자신을 소개한 뒤 우리는 유명한 카잔 대성당에 있는 박물관으로 갔다. 관장은 로마 가톨릭 추기경이 박물관을 방문할 것이라고 통보받았음이 분명했다. 내가 도착하자마자 관장은 소련의 종교사 개요를 설명하려 했다. 나는 하느님이 없다는 것을 증명하는 전시물에 훨씬 더 관심이 많다고 말하면서 최대한 재치 있게 거절했다. 그는 다소 실망한 듯했고 좀 불쾌해진 것 같지만 내게 여러 전시물을 보여 주기 시작했다. 그중에는 공전궤도에 있는 행성을 지탱하는 힘은 하느님이 아니라 중력이라는 것을 증명하는 푸코의 진자도 있었다. 가엾은 관장은 당황해했다. 그런 논리로 결코 나를 납득시킬 수 없다는 것을 그는 분명 잘 알고 있었다. 그래도 나는 최대한 진심을 담아서 또 상냥하게 "아, 그렇군요!" 하고 나직이 대답하려 애썼다.

모스크바로 돌아온 뒤에는 한 가톨릭 성당에서 미사를 집전할 수 있었는데, 미사에 참석하려는 신자 중 상당수가 입장을 제지당했고 카메라를 설치하여 성당에 들어오는 사람들의 사진을 찍었다는 얘기를 나중에 들었다.

우리는 모스크바를 떠나 아르메니아로 날아갔다. 아르메니아 사도교회의 총대주교 바스켄 1세가 우리를 따뜻이 맞이해 주었다. 나는 이미 여러 해 전에 그의 초청을 받아 막 출발하려 할 즈음 빈 주재 소련 대사관으로부터 방문이 취소되었다는 통보를 받은 적이 있었다. '유감스럽게도' 총대주교는 나의 방문을 '환영하지 않는다'는 것이 이유였다. 그 후 얼마 안 되어 총대주교 역시 나의 방문이 취소되었다는 말을 듣고 나와 마찬가지로 놀랐다는 소식을 들었다. 이번에는 방문이 허락된 것을 우리 모두가 매우 기뻐했다.

모스크바보다 아르메니아에서 대화는 훨씬 더 자유롭게 이루어졌다. 아르메니아 수도 예레반이 모스크바에서 2천 킬로미터 이상 떨어져 있었기 때문일 것이다. 게다가 바스켄 1세는 독일어를 유창하게 했다. 몇 주일 후 그는 빈을 방문했을 뿐 아니라 자신의 젊은 사제들 중 한 명을 빈 신학교로 보내 공부하도록 하기도 했다. 우리는 예레반에서 다시 그루지야 수도 트빌리시로 갔으며 거기서도 그루지야 정교회 사람들의 환대를 받았다.

우리 일행은 세 나라에서 정교회와 아르메니아 사도 교회 전례에 참석했다. 신자들은 내게 강복을 청했다. 그들은 우리가 그 멀리까지 와서 자기들에게 든든한 우정을 보여 준 것에 진심으로 감동한 모습이었다. 눈물을 흘리는 이들도 있었다. 특히 모스크바에서 전례에 참석한 나이 많은 여성 다수가 눈에 띄게 감격스러워했다.

끝없이 펼쳐진 갖가지 색깔의 여성용 머릿수건 바부시카의 대열이 지금도 눈에 선하다. 모스크바에서 우리가 참석한 저녁 전례 중에 그들은 초를 파는 입구에서부터 늘어서서, 가늘고 노란 초에 불을 붙여 대성당 제대 바로 앞 성화 발치에 놓인 촛대들까지 촛불을 차례로 전달했다. 오스트리아에서는 교회에 들어가거나 나올 때 반드시 초를 사서 촛불을 켜는 작은 체구의 노파들을 흔히 좀 업신여기는 말투로 '촛불을 켜는 부녀자'Kerzlweiber라고 한다. 그러나 결코 그 누구도 그들을 깔보아서는 안 된다.

그 후 수년간 나는 동유럽의 그 여인들 생각을 많이 했다. 공산주의가 망한 이후 동유럽을 여행하면서 만난 많은 젊은이가 말하기를, 자기들에게 비밀리에 세례를 받게 하고 어릴 적 밤마다 자기들과 함께 기도를 바친 사람은 대개 할머니였다고 한다. 그렇게 오랫동안 공산주의

치하에 있으면서도 그리스도교가 살아남은 것은 주로 이들 할머니들 덕분이다. 서유럽, 특히 가톨릭 국가인 오스트리아, 이탈리아, 에스파냐에서도 오늘날 신자들은 주로 여성이고 그들 중 상당수가 노인인 경우가 많다. 대부분의 본당은 그들의 헌신적 봉사가 없으면 운영을 할 수가 없다. 나날이 세속화되는 다문화 사회에서 그리스도교 공동체들이 계속 움츠러들고 있는 이때, 나는 이 여성들, 실로 평범한 이 여성들이야말로 신앙을 전파하는 데 중심 역할을 할 것으로 확신한다.

8년 뒤인 1988년, 나는 키예프 루시의 세례 천 년 축제, 즉 러시아의 그리스도교화 천 년 기념 축제에 참석해 달라는 초청을 받아 소련으로 파견되는 프로 오리엔테 대표단과 또다시 동행했다. 우리 대표단은 러시아정교회 지역 공의회에 참관인으로 참석했다. 이 행사에서 우리는 프로 오리엔테가 러시아어로 출판한 니코딤 대주교의 교황 요한 23세 전기 500부를 공의회의 모든 참석자와 신학교의 학생 및 성직자들에게 선물했다.

▎오리엔트 정교회와의 대화를 위한 돌파구

오리엔트 정교회(아르메니아 사도 교회, 콥트 정교회, 에티오피아 정교회, 시리아 정교회, 인도의 시로 말란카르 교회)는 5개의 독립된 교회들로서 교회론적으로나 성사적으로 일치해 있으며 전 세계 신자 수는 2천5백만 명에서 3천만 명에 이른다. 이들 교회는 451년 칼케돈 공의회에서 정의한 그리스도론을 받아들이지 않음으로써 교회분열로 이어졌다.

1971년에서 1988년 사이에 프로 오리엔테는 빈에서 비공식 교회일치 협의회를 다섯 차례 개최했다. 이 협의회에서 오리엔트 정교회 신학자들과 가톨릭 신학자들이 1,500년 전에 교회분열의 원인이 된 그리스도론 문제들을 토의했다. 그리스도론을 거의 유일한 주제로 다룬 첫 협의회에서 이미 의미심장한 돌파구가 마련되었다. 카이로의 콥트 정교회 신학교 학장인 암바 셰누다는 후에 '빈 그리스도론 신조'Vienna Christological Formula로 알려지게 된 것을 제안했다. 이 신조는 오리엔트 정교회와 가톨릭교회가 다 받아들일 수 있는 방식으로 그리스도의 두 본성을 정의한 것이었다. 그는 바로 몇 주일 후에 콥트 정교회의 교황 셰누다 3세가 되었다. 2년 후인 1973년, 이 신조는 가톨릭교회와 콥트 정교회 양쪽에 공식적으로 받아들여지고, 교황 바오로 6세와 교황 셰누다 3세가 바티칸에서 서명한 공식 공동선언에 포함되었다. 수세기 동안 상호 고립과 비방, 불신을 초래했던 고래의 그리스도론 논쟁은 이렇게 실질적으로 해결되었다. 이어 수년에 걸쳐 교황 요한 바오로 2세는 이와 비슷한 선언에 다른 오리엔트 정교회와 함께 서명했다.

교회분열을 초래했던 미묘하고 논쟁의 여지가 많은 신학적 문제를 해결하기 위해 1,500년 만에 처음으로 시도한 다섯 차례의 빈 협의회에서는 개인적 접촉이 특히 중요한 역할을 했다.

1975년에 교황 셰누다는 나와 프로 오리엔테 대표들을 카이로로 초청했다. 거기서 그의 손님으로 일주일을 보냈다. 1964년에 교황 바오로 6세를 수행하여 인도 뭄바이에 갔을 때 조로아스터교도인 파르시 가족과 함께 머물렀던 것처럼, 이번에도 나는 카이로에서 콥트 정교회 신자 가족과 함께 머물 수 있었다. 덕분에 콥트 그리스도인들이 어떻게 사는지 직접 접하는 기회를 가졌다. 나는 많은 그리스도인이 서로에 대해 너무 모르고 있는 것이 항상 아쉬웠다.

이집트 이슬람교의 휴일인 금요일에 셰누다 교황이 카이로의 콥트 정교회 성 마르코 대성당에서 열리는 금요일 저녁 묵상에 함께 가자고 했다. 그 자리에서 그는 주간 성찬식을 베풀었고 토론이 이어졌다. 이는 수년 전 그가 젊은 주교였을 때 도입한 정기적 의식이었다. 나는 강론을 해 달라는 요청을 받았는데, 무엇보다 젊은 사람들로 대성당이 입추의 여지 없이 꽉 들어찬 것을 보고 깜짝 놀랐다. 또 그 주간 동안 우리는 4세기로 거슬러 올라가는 가장 오래된 그리스도교 수도원 지역 중 하나인 스케티스 사막의 와디 엘 나트룬과 당시에는 80퍼센트가 그리스도교 신자였던 상부 이집트를 순례했다. 나를 초대한 이들의 도움으로 아프리카에서 나는 역사가 짧은 교회들과 접촉할 수 있었다.

당시는 이슬람의 영향력이 증대되기 시작하던 무렵이라 나의 방문은 이슬람 국가에 있는 소수 그리스도 교회인 콥트 정교회의 상황에 대해 전 세계의 주목을 끌게 했다는 점에서 중요한 것이었다. 이는 자매 교회와의 연대성을 과시하는 것이기도 했다. 나는 또한 10년 전에 강연을 한 번 한 적이 있는 알 아자르 대학교의 부총장을 방문하여 그리스도교와 이슬람교의 대화, 특히 젊은 사람들의 대화를 다시 시작할 가능성에 대해 논의할 수 있었다.

신학적 합의가 도출되는 것과, 그 합의 결과의 소식이 평범한 신자들에게 전달되어 신자들이 확실히 이해하게 되는 것은 별개 문제다.

이러한 합의는 극적인 뉴스가 되지 않고 좀처럼 언론에 보도되지도 않는다. 관련 문서들이 계속 출판되고 있지만, 신학적 용어와 역사적 관계를 평범한 사람들이 이해하기가 쉽지 않기 때문에 편견과 불신은 그대로 남는다.

광범위하게 많은 신자들에게 빈 협의회에서 이루어 낸 돌파구를 알려 주기 위해서 프로 오리엔테는 1991년에 이집트에서 중동 심포지엄을 개최했다. 이 행사는 그때까지 중동에서 개최된 집회 중에서 가장 큰 교회일치 집회였으며, 교회일치를 위한 행보가 어디까지 전파될 수 있는지를 가장 성공적으로 보여 준 사례 중 하나였다. 이번에도 역시 콥트 정교회 교황 셰누다 3세의 초청으로, 모든 오리엔트 정교회와 동방 및 라틴 전례 가톨릭교회뿐 아니라 성공회와 루터교에서 온 주교들과 사제들, 신학자들과 많은 평신도가 와디 엘 나트룬에 모여, 1,500년간의 신학적 오해에 마침표를 찍은 합의에 대해 사흘간 논의했다. 개인적 만남과 토론의 기회가 충분했고, 모든 그리스도인이 목표로 해야 하는 다양성 안의 일치를 체험할 수 있었다. 기도는 콥트 말, 아라비아 말, 시리아 말, 아르메니아 말, 라틴 말로 바쳤다.

교회일치 저녁기도가 끝난 뒤, 나는 많은 콥트 그리스도인이 나를 에워싸고 축복을 청하는 모습에 감동을 받았다. 로마 가톨릭 추기경에 대한 편견은 신학자들보다 그들이 훨씬 덜한 것이 분명했다. 상당수 신학자는 편견을 가지고 있었고 지금도 그러하다. 심포지엄이 끝난 후, 우리는 카이로로 초대받았다. 카이로에서 교황 셰누다는 또다시 내게 콥트 대성당으로 함께 가자고 했다. 이번에는 그가 수요일 저녁

마다 5천 명 신자에게 행하는 교리교육에 참석하기 위해서였다.

그러는 동안, 빈 그리스도론 신조가 이뤄 낸 교회일치를 위한 돌파구에 대한 소식이 퍼져 나가고, 프로 오리엔테 정관은 칼케돈 공의회와 에페소 공의회 이전에 교회에서 떨어져 나간 교회들을 포함하도록 확대되었다. 그런 교회들 중 하나인 아시리아 동방교회는 전통적으로 사도 토마스와 바르톨로메오가 창립했다고 전해져 왔다. 아시리아 동방교회의 전례 용어는 예수가 사용했던 아람어와 같은 어족이다. 아시리아 동방교회가 가톨릭교회와 분열된 것은 아시리아 동방교회의 영적 선조인 콘스탄티노플의 네스토리우스의 가르침을 단죄한 에페소 공의회(431년)로 거슬러 올라간다. 1990년에 트리추르의 마르 아프렘이 아시리아 주교로서는 처음으로 빈을 방문했다. '네스토리우스는 네스토리우스교도였는가?'를 제목으로 한 그의 연설은 그때까지 교회일치의 관심에서 가장자리에 있었고 유럽에는 별로 알려지지 않았던 아시리아 동방교회를 드러내 준 기억에 남는 연설이었다.

1994년 6월, 프로 오리엔테는 소속 교단에 상관없이 시리아 전통의 9개 교회 모두를 빈에 불러 모을 수 있었다. 여기에는 아시리아 동방교회, 칼데아 교회, 마론파 교회, 인도의 시로 말라바르 교회와 시로 말란카르 교회가 포함되어 있었다. 교황청 그리스도인일치촉진평의회와 중동 교회협의회에서 온 참관인들이 중동과 인도, 그리고 유럽 및 아메리카의 디아스포라에 있는 시리아 전통의 모든 교회가 참여한 이 최초의 모임에 참석함으로써, 그 이후 제1차 '시리아의 대화'로 알려지게 된 빈 협의회의 중요성을 확실히 드러냈다. 이 협의회는 교황 요한 바오로 2세와 아시리아 동방교회의 가톨리코스 총대주교 마르 딘카 4세가 1994년 11월 11일 로마에서 공동 그리스도론 선언에 서명하는 결실을 가져왔다. 오리엔트 정교회와 매우 성공적으로 합의를 이루어 낸 '빈 그리스도론 신조'가 이 선언에 미친 영향은 무시할 수 없다. 두 선언은 신앙에 대한 우리의 공동 증언을 단순한 현대 언어로 표현하는 것이 대단히 중요하다는 점을 입증하고 있다. 교황 요한 바오로 2세가 강조한 바와 같이, 과거에 있었던 혼란과 분열은 용어와 문화의 차이에서 생겨난 것이었을 뿐이다.

■ 공산주의 와해 이후의 교회일치 대화

1989년에서 1990년 사이의 공산주의 와해와 더불어, 교회일치를 위한 대화는 새롭고 매우 혼란스러운 국면에 빠져들었다. 공산주의 국가에 있는 교회들은 작은 자유의 오아시스이자 저항의 본거지였기에 당연히 국가의 첫째 적으로 간주되었다. 공산주의의 조용한 붕괴는 서방에 큰 희망을 불러일으켰다. 박해에서 살아남아 지하 무덤에서 나온 교회들은 동방과 서방에서 그리스도교의 부흥을 일으킬 것이 확실해 보였다. 그러나 곧 쓰라린 실망이 밀려 들어왔다. 서방은 공산주의가 떠난 빈자리를 금세 서양식으로 가득 채우는 데 대한 불신과 새로운 형태의 극단적 민족주의에 실망했다면, 동방은 갈망하던 새로운 질서를 이뤄 내는 데는 큰 아픔이 따르며 대단히 어려운 일임을 확인함에 따라 실망에 빠졌다. 양쪽 모두 깊은 환멸을 느꼈다. 오랫동안 갈라져 있던 동방과 서방은 이제 서로를 이해하지 못했다. 나는 체코 사제들과의 첫 만남에서 있었던 일을 결코 잊지 못할 것이다.

부데요비체의 밀로슬라프 블륵 주교가 자기 사제들에게 제2차 바티칸 공의회에 관한 이야기를 해 달라고 나를 초청했다. 그는 현재 프라하의 대주교인 블륵 추기경이다. 당시 그의 사제들은 모두 나이가 많았고 제일 젊은 사람이 59세였다. 그들은 내가 하는 말에 매우 주의 깊게 귀를 기울였지만, 그들의 표정에서는 어떠한 반응도 찾아볼 수 없었다. 무반응으로 일관되어 있었다. 처음 겪는 상황에 마음이 불편해진 나는 사제들이 내 말을 이해하지 못했는지, 아니면 내가 뭔가 잘못한 것이 있는지 나중에 블륵 주교에게 물어보았다. 그의 대답을 들으면서, 철의 장막 뒤의 성직자들과 수년 동안 그렇게 자주 접촉해 온 나조차도 공산주의 치하에서 사는 삶이 어떤 것인지를 너무 몰랐다는 사실을 깨닫게 되었다.

내 이야기를 듣고 있던 사제들 전부가 20~30년 동안 본당에 딸린 자택에 완전히 고립된 채 갇혀 있던 사람들이었다. 다른 사람들을 위험에 빠뜨리지 않기 위해, 혹은 그들 자신이 정치적 어려움에 휘말리지 않기 위해 사제들은 길에서 아는 사람을 만나거나 특히 본당 신자들을 만나더라도 결코 아는 체하는 기색 없이 지나쳐 가는 법을 일찍감치 터득했다. 어디에나 스파이가 있기 때문에 눈에 띄지 않는 게 좋았다. 수년에 걸쳐 강제된 이 같은 고립이 그들의 성격을 바꾸어 놓았다. 처음에는 자기 방어를 위해서 일부러 사람을 멀리했지만 오래지 않아 저절로 그렇게 되었다. 공산주의 체제가 사람을 어디까지 파괴할 수 있는지 나는 그때 비로소 제대로 깨달았다. '당은 언제나 옳다', '계급의 적을 색출해야 한다'는 주장이 효력을 발휘하면서 개인의 영혼은 파괴되었다. 블륵 주교의 말대로 사제들의 '뒤틀린 영혼'을 치유하는 데는 오랜 세월이 걸릴 것이었다.

철의 장막이 무너진 후의 첫 행복감이 사라진 이때가 이 같은 상처를 치유하기 위해 동방과 서방 사이에 다리를 놓는 일이 그 어느 때보다 절실한 시점임을 나는 실감했다. 공신주의기 동유럽에서 사람들을 어떻게까지 바꾸어 놓았는지 실제로 알고 있는 사람들이 서유럽에는 거의 없었다. 나는 이 문제를 해결하는 일에 여생을 바치기로 결심했다.

공산주의가 와해된 이후, 과거의 동유럽 교회들은 많은 새로운 문제에 부딪혔다. 가톨릭교회는 지하에서 비밀리에 서품된 사제들과 주교들 문제에 직면했다. 그들의 서품을 추인받는 일이 늘 쉬운 건 아니었다. 정교회들은 각각 다른 길로 가는 것 같았다. 러시아정교회의 어떤 교파들은 종교 대신에 과학기술에 대한 믿음과 이성주의을 견지하면서, 러시아혁명을 초래하여 동유럽에 전한 마르크스주의에 대해 책임이 있는 서방에 깊은 반감을 가지고 있었다. 서방은 부정적 영향을 줄 뿐이라는 것이 이들의 확신이었다. 다른 정교회들은 교회 자신의 과거를 받아들이고 그들의 사제와 주교 중 많은 이가 공산주의자들과 협력했다는 비난을 받아들여야 하는 어려운 문제에 직면해 있었다. 정교회들은 자유를 누릴 준비가 되어 있지 않았고 실질적인 물적·영적 도전들에 맞닥뜨린 상태였다. 관계를 악화시킨 것은 서유럽 사람들의 잘못도 있었다. 우리는 스스로를 우월하다고 여기는 인상을 너무 풍기면서 서유럽에서 온 부자 삼촌처럼 등장했다. 이런 태도가 우리의 동료 정교회 성직자들의 기분을 상하게 했다. 그리스도교 종파들이 사람들을 개종시킬 목적으로 러시아에 가는 것은 잘못된 일이었다. 아마 좋은 뜻으로 그랬겠지만 거만하고 주제넘어 보였다.

러시아정교회뿐 아니라 다른 정교회들도 가톨릭교회에 대한 태도가 점점 부정적으로 변해 갔다. 서부 우크라이나에서의 그리스-가톨릭교회의 복권과 옛 소련 영토에서의 가톨릭교회 재허용이라는 특히 미묘한 두 가지 문제가 있었는데 이 문제는 여전히 진행 중이다. 당연히 외국인인 가톨릭 주교 임명과 그 후 정교회 영역이라고 생각되는 곳에 교구를 설정하기로 한 바티칸의 결정은 개종을 권유한다는 비난을 가열시켰다. 1991년에 내가 프로 오리엔테 대표단과 함께 모스크바에 갔을 때, 분위기가 상당히 악화되었음을 쉽게 알 수 있었다. 그러나 내가 꾸준히 접촉을 지속해 온 것과 프로 오리엔테의 중재적 명성이 우리에게 큰 도움이 되었다.

우리는 러시아 총대주교 알렉시스 2세의 영접을 받았다. 그리고 민스크의 필라레트 대주교도 우리를 영접해 주었다. 덕분에 우리는 러시아와 우크라이나에서 일어나고 있는 어려운 일들의 내막을 파악할 수 있었다. 우리가 그들을 개종시키려 한다는 비난을 매우 심각하게 받아들여야 한다. 러시아에 있는 가톨릭 신자들에 대한 사목적 관심을 복원하는 일에는 한 가지 목적만 허용된다. 즉, 가톨릭 배경을 가진 사람들에게만 손을 뻗친다는 것이다. 나는 프로 오리엔테가 출판한 『러시아 그리스도교 1천 년』*One Thousand Years of Christian Russia* 1993년 판에 쓴 서문에서 알렉시스 2세가 한 말을 상기해 볼 만한 가치가 있다고 생각한다.

> 우리는 순수한 마음으로 우리에게 다가오고, 공개적으로나 남몰래 개종을 권유하는 행위를 하지 않는 모든 사람에게 문을 열어 놓고 있습니다. 우리는 프로 오리엔테 재단이 주도하는 교회일치운동과 평화를 위해 종파 간의 갈등을 해결하려는 노력을 소중히 여기며 매우 깊은 존경심을 가지고 있습니다. 이는 서부 우크라이나에서의 그리스-가톨릭교회 조직의 부활과 관련하여 특히 중요한 것입니다.

이어 우리는 1993년과 1994년에 우크라이나의 리보프를 두 차례 방문하여 극도로 혼란스러운 상황을 파악하고 처음으로 중재를 시도해 볼 수 있었다.

1997년, 오스트리아 그라츠에서 제2차 교회일치 총회가 열리기 전날 저녁에 총대주교 알렉시스 2세가 사흘간 공식 방문차 빈에 도착했다. 그는 빈 외곽에 있는 하일리겐크로이츠 수도원에서 교황 요한 바오로 2세와 만날 수 있을 것으로 기대해 왔지만, 러시아정교회 주교회의가 만남을 취소해 버렸다. 나는 뮌헨에서 총대주교를 만나 내 자동차로 함께 빈으로 왔다. 나는 분명 그가 화해의 표시로 교황 요한 바오로 2세를 만나는 데 개인적으로 관심을 가지고 있다는 느낌을 받았지만 정교회 주교회의의 승인 없이는 행동할 수가 없었다. 러시아정교회의 어떤 교파들은 서방에 대해 깊은 혐오감을 가지고 있으며 교황과 총대주교 사이의 어떠한 친교도 강력히 반대한다는 것을 재확인할 수 있었다. 나는 보스니아 내전 발발 직후인 1993년에 세르비아 정교회를 방문한 일을 상기했다. 그곳에서 나는 진심으로 환영받았으며 세르비아 정교회 신학부에서 함께 얘기를 나눈 학생들은 제2차 바티칸 공의회에 대해 정말로 관심을 가지고 있다는 인상을 받았지만, 서유럽에서 우리가 이해하고 있는 교회일치운동이 그들에게는 생소한 것이었다. 그들에게는 서유럽의 관심사로 보였을 뿐이다. 나는 세르비아 정교회가 그라츠에서 열리는 교회일치 총회에 참석할 의사가 없음을 명확히 이해하게 되었다.

우리가 이러한 어려움을 극복할 수 있는 유일한 길은, 교회일치운동의 선구자들이 과거의 차이를 조정하는 데 도움이 된 사랑의 정신과 상호 존중과 겸덕으로 나아가는 것이다. 우리는 서로의 역사적 과거뿐 아니라 마음의 리듬도 존중할 줄 알아야 한다. 그리스도교 일치의 복원이 마치 우리를 갈라놓은 갈등이 전혀 없었던 것처럼 첫 1천 년의 그리스도 교회로 돌아가는 것을 의미하지는 않는다. 그것은 불가능한 일이다.

그동안 우리 교회는 각각 지울 수 없는 나름대로의 역사와 전통을 가지게 되었다. 우리는 무엇보다 먼저 제2차 바티칸 공의회의 '일치 운동에 관한 교령' 「일치의 재건」Unitatis Redintegratio에서 말하는 바와 같이, 서로에 대해 언급할 때 진실하지 않거나 공정치 못한 표현과 판단, 행동을 하지 않도록 모든 노력을 다해야 한다. 따라서 우리는 아직도 우리를 갈라놓고 있는 장애물들을 제거하기 위해 작은 걸음으로 나아가야 한다. 성급함은 어떤 종류든 전혀 타당하지 않다. 교회일치는 결코 비약함 없이 서서히 그리고 단계적으로 나아간다. 어쩌면 우리는 현재 제2차 바티칸 공의회 직후보다 더 어려운 시기를 겪고 있는지도 모르지만, 침체되었다고 말하지 말아야 하는 것은 확실하다. 내가 젊었을 때 교회의 모습이 어떠했는지 생각하면 나는 우리가 이뤄 낸 것을 보고 놀라지 않을 수 없다.

한두 해 전에 나는 성공회의 저녁기도에 초청되어 이곳 빈에 있는 성공회 성당에서 신자들에게 강론을 했다. 이것을 이상한 일이라고 생각하는 사람은 아무도 없었다. 우리는 정말 머나먼 길을 걸어왔고, 이제 되돌아가지 않을 것임을 나는 믿어 의심치 않는다. 많은 사람이 제자리를 찾아 헤매는 듯한 더할 나위 없이 세속화된 다문화 사회에서 진정한 교회일치를 회복할 수 있는 긍정적 힘이 드러나고 있는 상황이다. 그리스도교 종파 사이에 의견 일치가 늘어 감에 따라 전 인류를 위한 화합과 평화, 정의에 대한 갈망도 강해지고 있다.

4
그리스도교와 유다교의 대화

그리스도교와 유다교의 대화는 내게 각별하다. 지난 40여 년 동안 진전되어 온 대화에 대해 증언할 만큼 나를 오래 살게 해 주신 하느님께 깊이 감사드린다.

1930년대 초반에 나는 젊은 사제로서 또한 성서학자로서, 성금요일 전례의 어떤 구절들이 수백 년 동안 잘못 이해되어 왔고 그리스도인들이 유다인을 멸시하도록 부추겨 왔는데도, 나 자신을 포함한 그 당시 많은 동료 성직자나 신학자들이 그 문제를 심각히 여기지 않는다는 괴이한 사실을 깨달았을 때, 대단히 충격을 받았다. 내 마음을 계속 괴롭히고 있는 의문은, 어찌하여 교회가 '그리스도교의 반反유다교 경향'를 실제로 논박하고 공개적으로 반대하는 데 그토록 오랜 세월이 걸려서 제2차 바티칸 공의회에서야 하게 되었는가 하는 점이다.

중세 초기부터 20세기 중반에 이르기까지, 신약성경의 특정 구절에 대한 오해가 사람들로 하여금 반유다인 편견을 가지게 하는 결정적 역할을 했다. 그러므로 이것은 간접적으로나마 무수한 유다인 학살과 결국에는 아우슈비츠에까지 이르는 책임을 공유해야 한다. 나는 유다인들에게 지은 이 같은 죄를 공개적으로 인정하는 것은 약함의 표시가 아니라 오히려 신앙의 힘을 보여 주는 증표라고 믿는다. 어쩌면 내가 오스트리아 사제로서 히틀러와 세계대전을 직접 겪었기 때문에 교회가 나치의 대학살 범죄를 비롯하여 그와 관련된 모든 문제에서 자유롭지 못하다는 사실에 특히 민감한 것인지도 모른다.

그리스도교와 유다교의 대화는 제2차 바티칸 공의회 이후 최상층 지식인 수준에서 큰 진전을 이룩했다. 그러나 여전히 일반 대중 수준에서 할 일이 대단히 많다. 오스트리아의 전쟁 세대 가톨릭 신자로서 나는 최종적으로 결론이 났다고 생각했던 논쟁이 최근 몇 년 사이에 다시 표면화되는 것을 보고 매우 혼란스러웠다. 여전히 다리가 필요한 곳에 다리를 놓는 데 도움이 되기를 바라면서, 나의 전쟁 체험을 좀 자세하게 기술하려 한다. 현실은 복잡하고 여러 차원이 있기에 흑백논리로만 판단할 수는 없다.

제1차 세계대전이 일어나기 한참 전, 내가 태어나 어린 시절을 보낸 니더외스터라이히의 우리 동네에는 유다인이 많지 않았다. 하루는 어머니가 나를 식료품점에 데리고 가서 주인이 그리스도인이 아니라 유다인이라고 설명해 주었던 기억이 난다. 그런 말을 하는 어머니의 태도에 부정적 느낌은 전혀 없었다. 어머니는 하나의 사실, 즉 어떤 사람들은 그리스도인이고 어떤 사람들은 아니라는 사실을 말하고 있었다. 나는 어렸을 때 유다인을 경멸하는 말을 한마디도 들은 적이 없다. 더

정확하게 말하면 유다인과 그리스도인 사이에 어떤 적의가 있다는 말을 들어 보지 못했다.

1927년에 고등학교를 졸업한 후, 나는 로마에 있는 그레고리오 대학에서 장학금을 받게 되어 그곳에서 철학과 신학을 공부했다. 내가 고대 동양 세계와 맨 처음 접하게 된 것은 비그리스도교에 대한 관심 때문이었다[나의 전공은 고대 페르시아의 조로아스터교(拜火敎)였다. 나는 성경 연구소에서 조로아스터교를 연구했다]. 이것이 성경, 특히 구약성경에 대한 나의 지식을 깊게 하는 데 도움이 되었다.

1933년, 나는 로마에서 사제품을 받았다. 젊은 사제 시절에 나는 공의회 이전의 성금요일 전례에서 매우 심란한 내용을 발견했다고 앞서 언급했다. 라틴어 'Oremus et pro perfidis Judaeis'는 로마 미사경본에서 '배반하는 유다인들을 위해서도 기도합시다'로 번역되었다. 라틴어 'perfidus'는 중립의 의미와 경멸의 의미를 함께 가지지만 오랫동안 경멸의 의미로 널리 알려져 있었다. 그리스도인을 포함한 대부분의 사람들은 물론 이 같은 의미의 배경을 전혀 알지 못했다. 영어의 'perfidious'는 당연히 '배반하는'treacherous의 의미로 통했다. 나는 이런 사실에 충격을 받았지만, 서품 후 1년 만에 옮겨 간 니더외스터라이히의 시골 지방에는 유다인이 없었다. 내게는 유다인 친구는 물론 아는 사람도 없어서 당시에는 이 문제에 더 깊이 파고들지 못했다. 돌이켜 보면, 그때 그리하지 못한 것이 부끄럽다.

내가 6년 동안 오스트리아를 떠나고 없는 동안, 히틀러는 많은 지지자를 얻었다. 주된 이유는 유럽이 극심한 불황을 겪고 수백만 명이 일

자리를 잃었을 때 그가 일자리를 창출했기 때문이다. 여러 해 동안 불안과 가난에 시달리던 많은 오스트리아인은 히틀러가 먹을 것을 충분히 공급하고 질서와 번영을 보장하는 것에 고마워했다. 그리고 당시에는 볼셰비키의 정책을 최악이라고 보는 사람들이 있었다. 그래서 꽤 많은 성직자를 비롯한 대다수 가톨릭 신자가 처음에는 나치의 명분을 지지했다. 그들은 히틀러의 독일을 공산주의를 막아 주는 울타리라고 생각했던 것이다.

1938년에 내가 보좌신부로 있던 니더외스터라이히의 조그마한 도시 샤이브스에서 나치는 그들의 인종주의 이념에 찬성하지 않는 가톨릭 신자들을 집중 공격했다. 수단을 입고 있던 우리 사제들은 길거리에서 공개적으로 놀림을 받거나 욕설을 듣는 일이 자주 일어났다. 독일군이 국경을 넘어 오스트리아를 점령한 1938년 3월 12일, 나는 샤이브스에 있었다. 이튿날 아침, 본당을 떠날 때 받았던 엄청난 충격을 지금도 생생히 기억한다. 모든 공공건물에, 그리고 많은 가정집에까지 만卍 자 십자장이 걸려 있었다. 상당수 가톨릭 신자를 포함한 수십만 명의 오스트리아인이, 자동차를 탄 채 오스트리아를 통과하는 히틀러를 환영하며 환호한 일을 부인하지 않는다. 그러나 훨씬 더 많은 사람이 집에서 울고 있었다는 것도 나는 직접 보아 알고 있다.

몇 달 뒤 나는 상트 푈텐에 있는 대성당 사제로 임명되었다. 그리고 동시에 그곳 중학교에서 종교교육 과목을 가르치기 시작했다. 그런데 고작 한두 달 지났을 무렵, 교장이 나를 집무실로 부르더니 내 봉사 활동이 더 이상 필요 없게 되었다고 퉁명스레 통보했다. 세상이 바뀌니

교장의 말도 바뀌었고, 종교교육은 이제 관심 밖으로 밀려났다.

이 시기에 나는 나치의 이념을 자세히 들여다보았고, 휴스턴 스튜어트 체임벌린의 『19세기의 기초들』The Foundations of the Nineteenth Century과 알프레드 로젠베르크의 『20세기의 신화』The Myth of the Twentieth Century와 같은 저서들을 잘 알게 되었다. 이 책들은 나치의 사고방식에 깊이 영향을 미쳤다. 체임벌린이 유럽 문화 속에 있는 이른바 아리아의 요소에 대한 인종적 우월성을 강조한 것과, 독일이 새로운 유럽의 질서 확립에 가장 적합한 나라이며 무엇보다 유다인들은 유럽에 맞지 않는 '이방인들'이라는 그의 신념은 독일의 민족주의와 히틀러의 천 년 제국에 대한 꿈에 많은 영향을 주었다. 1918년에 오스트리아-헝가리 제국이 붕괴된 후, 오스트리아가 위대한 독일의 일부가 된다는 주장이 오스트리아에서 인기를 얻어 가고 있었다. 히틀러가 권력을 잡자, 외국인을 극도로 싫어하는 이른바 '독일 국민당원들'은 당연히 환호했다. 외국인을 싫어하는 그들 특유의 기질이 아마도 오스트리아의 어떤 세력권에서 반유다주의가 그처럼 격렬했던 원인이었을 것이라고 나는 종종 생각한다.

나는 나치 정권이 모든 영적 가치를 위협하고 있음을 곧 깨달았다. 그래서 아직 공식적으로 허용되고 있던 전례 교육을 한다는 구실로, 대성당 제의실에서 학생들과의 만남을 이어 갔다. 우리는 스스로를 '젊은 교회'라 불렀고 우리의 '수업'은 주로 그날의 가장 중요한 사건들을 논의하는 것이었다. 이 당시에 나는 물론 반유다주의와 유다인 문제를 깊이 우려하고 있었다. 그러나 '노란 별'로 알려진 다윗의 별을 모든 유다인이 강제로 달게 된 후에야 비로소 나는 나치의 박해가 누구보다 유다인을 겨냥하고 있으며 살기등등해졌다는 사실을 제대로 깨닫게 되었다.

대성당 사제라는 이유로 나는 병역을 면제받았다. 1940년, 게슈타포가 우리 모임을 의심하기 시작했다. 그래서 우리는 종종 숲에서 만나곤 했다. 미행하는 게슈타포를 따돌리기 위해서 나는 먼저 시골길을 (만卍자 완장을 차고 누군가 신던 광택 나는 장교 부츠를 신고) 이리저리 돌아다니다가 날이 어두워진 후에 다른 사람들과 합류하곤 했다. 나 자신뿐 아니라 학생들까지 위험하게 만드는 일이라는 것을 알고는 있었지만, 더 위험한 일은 젊은이들이 현실과 타협하는 것이었다. 나치 이념이 얼마나 증오심에 가득 찬 반유다주의인지 그들에게 일깨워 주는 것이 내게는 매우 중요했다. 함께 기도하고 노래를 부르고 나서, 우리가 처해 있는 현실과 게슈타포에 곧 체포될 위험이 있는 사람들을 도울 방법에 대해 논의했다.

온갖 부류의 사람들이 대성당을 찾아왔는데, 대부분 도움이 필요한 이들이었다(게슈타포에게서도 전화가 걸려 오곤 했다. 우리가 무엇을 하고 있는지 알아보려는 속셈이었다). 나는 사람들이 숨어 있는 곳과 도움이 가장 절실한 곳은 어디인지 대부분 알고 있었다. 때때로 우리 중 몇몇이 어렵사리 영국 BBC 방송을 듣고 소식을 함께 나누기도 했다. 그러는 동안 젊은이 여러 명이 징집되었고 나는 일선에 나가 있는 그들과 편지 왕래를 이어 갈 수 있었다. 자기도 모르게 편지에 비밀을 누설하지 않도록 조심한 것은 다행한 일이었다. 전쟁이 끝난 뒤 여성 집배원 하나가, 나의 모든 편지를 게슈타포 본부에 가져다주어 검열을 받도록 해야 했다고 내게 고백한 것이다. 전쟁이 끝난 뒤에 나는 그 편지들을 출판했다. 소년에 불과한 병사들이 일선에서 부상을 입고 누워 있거나 임종을 앞두고 쓴 편지들이었다.

나는 여러 차례 신문을 받았지만 교묘한 말로 곤경을 모면할 수 있었다. 그러던 어느 날 빈의 모르친플라츠에 있는 악명 높은 게슈타포 본부로 소환되었다. 내심 이번에는 석방되지 못하고 다하우 수용소로 보내지게 되리라 각오하고 있었다. 신문은 온종일 이어졌다. 신문을 하던 장교가 잠시 자리를 비운 순간, 나는 책상에 놓인 체포자 명단을 보고 재빨리 호주머니에 집어넣었다. 그것은 영웅적 행위라기보다는 자동적 반응에 가까웠다. 그날 밤 늦게 내가 어떻게 석방되었는지는 지금까지도 알 수 없다. 아마도 전쟁 상황이 나 정도 되는 인물에 대한 관심이 줄어든 단계에 이르렀기 때문이었을 것이다. 상트 푈텐으로 돌아오자마자 내가 가져온 명단에 있는 사람들에게 학생 몇 사람을 보내 조심하도록 경고했다.

전쟁 마지막 몇 달 동안 상트 푈텐은 독일 전선과 러시아 전선 사이에 끼여 있었다. 우리 주교님은 사제들에게 대성당에 머무르면서 사람들에게 힘닿는 한 무엇이든지 도와주라고 명령했다. 상트 푈텐은 중요한 철도 환승역이었기 때문에 폭탄이 비 오듯 쏟아졌고 피난민 행렬이 끝도 없이 러시아 군대 앞을 지나갔다. 대성당 지하실에는 600명을 수용할 수 있는 공간이 있었다. 수단을 입은 우리 사제들은 적십자 완장을 차고 우리가 할 수 있는 도움을 주고자 애를 썼다. 나는 러시아어를 할 수 있었기 때문에 러시아인들이 우리 여성들을 다루는 태도에 대해 항의했다.

전쟁이 막바지에 이른 몇 개월 동안 내가 목격한 고통은 나의 인격 형성에 영향을 미쳤다. 때로는 밤늦도록 우리 사제들은 오스트리아 교회의 장래에 대해 논의하곤 했다. 합스부르크 왕조 때는 교회가 황제에게 기대었고, 그 후 생제르맹조약이 체결된 뒤에는 기독교사회당에 기대었다. 이제 나치 통치하에서, 오랜 역사상 처음으로 교회는 자체 방어에 맡겨졌다. 전쟁에서 살아남은 우리는 정당정치가 오스트리아 교회에 끼어들지 않게 해야 한다는 신념이 내 마음속에서 일찌감치 분명히 자리 잡고 있었다. 그 신념이 반대에 부닥치게 될지라도, 교회는 정치에 초연해야 하고 국가의 '양심'이 되어야만 했다.

마침내 전쟁은 끝이 났고 오스트리아는 폐허가 되었다. 나치 통치 7년이 만든 영적·물적 황폐화는 끔찍한 것이었다. 1945년에 사람들의 본능은 우선 살아남는 것이었다. 사람들은 전쟁 중에 겪었던 일에 대해 이야기하는 것을 끔찍이도 싫어했다. 대다수 오스트리아인들은 잊으려 애를 쓰면서 나라를 재건하는 일에 전념했다. 인간적으로 이해할 수 있는 모습이지만, 과거를 청산하는 것이 그들에게 얼마나 어려운 일인지를 설명해 주는 것이기도 하다. 과거의 망령이 현재와 미래의 독이 될 수 있다는 보편적 불안감이 존재했다.

사람들, 어쩌면 상당수 오스트리아인조차 죄의식을 느낄 이유가 있었다. 수많은 이가 죄의식에 사로잡혀 있었다. 그러나 집단적 범죄행위 같은 것이 자행된 적은 없으므로 국민 전체를 단죄할 수는 없다.

오늘날의 시각으로 보면, 전쟁 세대가 히틀러에 반대하는 뜻을 충분히 표현하지 않았다고 젊은이들이 비난하는 것을 나는 이해할 수 있다. 그러나 나는 늙은 세대 중 한 사람으로서 비겁함 때문에 아니면 협조하는 뜻에서 침묵을 지켰던 사람들을 감히 비난하지 않는다. 나는 가족이 없지만, 가족이 있는 사람들은 어떤 식의 저항을 하든지 자기 가족에게 책임이 떠넘겨질 위험을 감수해야 했다. 나 역시 충분한 역할을 하지 않았다고 비난받을 수 있다고 생각한다. 어쨌든 상당히 많은 오스트리아 사제가 히틀러 치하에서 자신의 신앙 때문에 (단두대나 집단수용소에서) 순교했다. 만일 내 앞에서 대놓고 어째서 히틀러에게 더 거세게 저항하지 않았느냐고 묻는다면 나는 어찌 답해야 할지 모르겠다. 그저 묵묵부답할 것이다. 그러면서도 나는 질문을 하는 본인은 그런 상황에서 더 거세게 맞설 용기를 낼 수 있을지 먼저 자문해 보아야 할 것이라고 진심으로 말하고 싶다.

돌이켜 보건대, 그리스도인으로서 우리는 그 시절 교회 지도자들이 저지른 과오에 대해 사과해야 한다는 것은 의심할 여지가 없다. 1938년, 히틀러가 교묘히 조작한 국민투표를 테오도르 인니처 추기경이 승인해 준 것은 오스트리아 교회가 훨씬 더 나쁜 상황에 처하는 것을 피하려는 마음에서 한 일이다. 그는 작은 가톨릭 평신도 그룹으로부터 압력을 받고 마침내 다소 강요당하기에 이르렀다. 그들은 추기경의 서명 아래 '히틀러 만세!'라고 써넣음으로써 교회와 나치 정권 사이에 새롭고 한층 돈독한 관계를 유지하는 길이 열릴 것으로 믿었다. 추기경에게 압력을 넣었던 6명의 서명이 담긴 문서가 빈에 있는 대교구 문서고에 지금도 남아 있다.

　인니처 추기경은 반유다주의자가 아니었다. 그는 도움을 구하러 온 많은 유다인에게 비자를 받아 주려고 애를 썼다. 그리고 유다인들을 국외로 내보낼 돈이 필요하다는 편지를 교황 비오 12세에게 수차례 보냈다. 바티칸으로부터 받은 답장은 대개 회피하는 내용이었다. "예, 우리가 도울 것입니다. 그러나 지금 당장은 돈이 없습니다" 하는 식이었나. 문서고에 있던 인니처 추기경 관련 자료가 전부 정리된 것은 1960년 이후였고, 그가 빈의 유다인 수백 명의 목숨을 구해 준 사실이 이제는 명백히 밝혀졌다.

　1938년에 내가 빈에서 약 60~70킬로미터 떨어진 상트 푈텐에 있을 때, 인니처 추기경은 오스트리아 가톨릭 신자들에게 히틀러를 지지하는 투표를 하라고 호소했다. 그 소식을 듣고는 어찌할 바를 몰라 좀 당황했다. 이게 무슨 뜻인가? 우리 추기경이 어떻게 이런 일을 할 수 있는가? 어떤 사람들은 인니처 추기경이 교회를 위한 어떤 보호조치를 얻어 내려는 것이라고 생각했다. 그러나 다른 사람들은 매우 비판적이었고 그가 교회를 배반했다고 여겼다.

　몇 개월 후, 빈에 있는 성 슈테판 대성당에서 젊은 가톨릭 신자 수천 명이 참석한 특별 미사에서 인니처 추기경은 젊은이들에게, 신앙을 저버리지 말고 예수 그리스도가 그들의 총통임을 기억하라고 호소했다. 미사를 마치고 추기경은 대성당 바깥에서 열광적 갈채를 받았다. 이내 보복이 자행되었다. 바로 다음 날 나치 당원들이 주교관에 들이닥쳐 건물 전체를 샅샅이 뒤졌다. 빈의 대주교가 되고 난 뒤 나는 그날 여러 차례 칼에 찔린 유화油畵 하나를 지하실에서 가져오게 해서 주교관 회의실에 걸어 놓도록 했다. 십자가 그림이었는데 나치 청년들이 칼로 벤 자리가 여전히 선명했다. 나는 그 벤 자리를 그대로 두게 했다. 지금도 그 그림은 그 자리에 걸린 채 그날의 비극을 떠올리게 한다.

그 당시 인니처 추기경의 비서였으며 나중에 나의 주교대리가 된 야힘 대주교는 나치 당원들이 쳐들어왔을 때 추기경을 지붕 밑 방에 숨도록 했고, 그들이 떠난 후 내려온 추기경은 깊은 한숨을 쉬면서 "하느님, 감사합니다. 이제 해방되었습니다!"라고 했다는 이야기를 내게 들려주었다. 나는 문서고에 보관된 인니처 추기경 관련 자료를 몽땅 읽고 나서 어쩌면 그는 정치적으로 좀 순진한 사람인 것 같다는 결론을 내렸다. 또 매우 충동적이어서 미리 생각해 보지도 않고 너무 빨리 행동을 결정하는 사람이기도 했다. 그가 수데텐 독일인이며 자신의 동포 중 많은 사람처럼 독일 민족주의자가 될 소지가 있었다는 점도 간과해서는 안 된다.

어째서 비오 12세는 유다인들을 위해 더 많은 일을 하지 않았으며, 1933년부터 제2차 세계대전이 끝날 때까지 성직자단은 왜 용기 있게 발언하지 않았느냐는 질문을 종종 받아 왔다. 두려움 때문이었음을 부인하지는 않겠다. 우선 교회가 히틀러와 그의 협력자들에 대해 반대하는 말을 너무 강하게 하면 가톨릭 신자들이 보복을 당할 것이라는 두려움이 있었다. 아울러 볼셰비키의 정책에 대한 두려움도 있었다. 교황 비오 12세를 비롯한 많은 가톨릭 신자가 교회에겐 히틀러보다 볼셰비키의 정책이 더 두려운 것이라고 믿어 의심치 않았다. 그들은 히틀러가 볼셰비키들을 패배시킬 것이라고 생각했으며 그리고 나서 제3제국이 붕괴되기를 바랐다. 내가 보기엔 교회가 히틀러에 반대하는 목소리를 더 강하게 내지 못했던 이유를 이 두 가지로 설명할 수 있다. 그러나 이것은 설명일 뿐, 결코 교회의 처신에 대한 변명이 될 수는 없다.

교황 요한 23세가 처음으로 그리스도교-유다교 대화의 여린 씨를 몸소 뿌린 것은 조금도 의심할 여지가 없다. 유다인들과의 절교를 초래할 수 있고 또 초래하고 만 성금요일 전례의 그 구절을 사제한 데 대해 일단의 아메리카 유다인들이 그에게 감사의 인사를 하러 오자, 교황은 "나는 당신들의 형제 요셉입니다"라는 말로 그들을 영접했다. 그러면서 그는 그리스도인과 유다인이 형제처럼 서로 사랑하면서, 서로의 신앙에 차이는 적잖으나 기원이 같기 때문에 이 사랑을 공개적으로 보여 주는 것이 대단히 중요하다고 강조했다.

그리스도교-유다교 대화에 혁명을 가져온, 교회와 유다교의 관계에 관한 공의회의 짧은 선언을 발의한 사람도 교황 요한 23세였다. 그는 교회가 받아 온 반유다주의라는 비난에 종지부를 찍기로 마음먹었다. 1940년대에 터키 주재 교황사절로 있는 동안 그는 나치의 박해를 피해 도망쳐 온 유다인들의 곤경을 목격했다. 그들은 주로 폴란드와 슬로바키아, 루마니아에서 무서운 소식을 가져왔다.

유다인들이 안전하게 이스라엘로 가도록 그가 도와준 덕분에 많은 이가 생명을 구했다. 유다인 대학살이라는, 말로 표현할 수 없는 공포를 겪은 후, 요한 23세는 교회가 유다인들을 사랑한다는 것을 알려 주고 그들이 체험한 증오심을 작게나마 무언가 사랑의 증표로 갚아 주는 것이 반드시 필요하다고 느꼈다.

공의회의 선언마다 그 나름의 내력이 있지만, 교회와 유다교의 관계에 관한 간단한 선언의 내력은 그중에서도 가장 요란했음이 분명하다. 이 선언이 존재하게 된 것은 세 사람 덕분이다. 그들의 흔들림 없는 결의와 헌신, 참을성이 없었다면 모든 선언 중 가장 짧은 이 선언은 결코 나오지 못했을 것이다. 그 세 사람은 교황 요한 23세 자신과 베아 추기경 그리고 유다교에서 개종한 오스트리아인 사제로 제2차 세계대전이 발발하자 오스트리아에서 미국으로 도피한 고위 성직자 요하네스 외스터라이허였다. 외스터라이허는 나의 친구이기도 했다. 그는 1930년대 빈의 보좌신부로서 이미 다른 신학자보다 훨씬 앞서 그리스도교와 유다교가 공유하는 신학에 전념했다. '비그리스도교 선언'은 그의 생애 최고의 업적이었다.

교황으로 선출된 직후, 요한 23세는 유다인 문제를 공의회에서 다룰 방법을 숙고해 보도록 베아 추기경에게 당부했다. 나도 작은 그룹에 참여하도록 초기에 요청받았기 때문에 이 간단한 선언이 겪은 숱한 위기와 계속되는 우여곡절을 아주 가까이에서 체험했다. 어쨌든 이 선언이 통과된 것은 정말 기적이었다.

유다인 문제에 관한 선언이 공의회 의제에 들어 있다는 소문이 공의회 개막과 거의 동시에 나돌기 시작했다. 극단적으로 보수적인 소수의 주교를 제외하고, 유다인 대학살은 대다수 공의회 교부의 마음을 괴롭히고 있었으므로 수세기 동안 유럽에 그와 같은 치욕을 초래했던 다양한 형태의 반유다주의를 우리 모두가 재검토하기로 했다. 그런데 논의가 예정되었다는 사실만으로도 아랍 세계와 동방교회들 그리고 르페브르 대주교를 비롯한 작지만 시끄러운 보수파 공의회 교부 그룹으로부터 즉각 격렬한 반대에 부닥쳤다. 교황과 베아 추기경과 외스터라이허가 그처럼 사나운 반대와 음모, 노골적 중상을 참아 낸 것이 나는 얼마나 경탄스러운지 모른다. 공의회가 끝날 때까지 이 같은 반대 세력은 대중매체를 동원하고 아랍 국가들의 외교적 항의를 유발해 냈다. 나는 편지를 무더기로 받았는데, 그중 많은 양이 유다인 문제에 관한 선언을 막아 달라고 간청하는 중동의 그리스도인들로부터 온 것이었다. 유포되고 있던 팸플릿 중 상당수는 명백히 악의를 가지고 비방하는 내용이었다. 그 문제에 관한 선언이라면 덮어놓고 반대부터 하고 보는 소규모 공의회 교부 그룹이 있었는데, 자신들이 그 선언을 막을 수 없다는 것을 알고는 선언에 물타기를 하려고 애를 쓰면서 계속 항의를 제기하여 초안을 네다섯 번이나 고치게 만들었다.

그러나 마침내 1965년 10월 28일, '비그리스도교 선언'이 통과되었다. 공의회 교부 2,221명이 찬성하고 88명이 반대했으며 3명이 기권했다. 공의회 선언 중 가장 짧은 이 선언이 합의에 도달하는 데 4년이 걸렸다.

그러나 그리스도인들과 유다인들이 정식으로 대화를 시작하기 전에 치워야 할 자잘한 걸림돌이 많았다. 다른 어느 분야보다도 많았을 것이다. 그리스도교가 세계를 지배하는 동안, 신약성경에 대한 해석과 주해가 수세기에 걸쳐 반유다주의적 편견을 강화하는 데 적지 않게 기여했다. 나치가 선동하고 자행한 유다인 대량 학살이 그처럼 저항을 거의 받지 않았다는 사실은 유다교와 유다인들을 공격하려는 잠재의식이 사전에 이미 존재했음을 증명한다. 잠재의식이 훗날 반유다주의 형성에 한몫하게 된 것은 여하튼 간접적으로 이 같은 유다인들에 대한 편견에 기인한다. 유다인 대학살의 공포에 의해 촉발된 인식의 변화가 일어난 것은 20세기 중반 이후였음이 분명하다.

악의 세력 같은 것이 존재한다. 그런데 그것은 역사에 뿌리박고 있는 게 아니라 사람들의 마음속에서 자라난다. 악이 어떻게 그처럼 단계적으로 확대될 수 있는지 자문해 보면 우리는 반드시 개인적 범죄와 직면하게 된다. 우리가 숨을 집단적 범죄 같은 것은 없기 때문이다. 범죄는 공개적 자인과 반성하는 모습을 통해서만 극복될 수 있다.

제2차 바티칸 공의회 이후 우리가 계속 발전해 온 것을 하느님께 감사한다. 가톨릭 신자와 유다인의 대화는 심화되어 왔고 관계는 더욱 성숙해졌다. 가톨릭교회와 특히 현 교황 요한 바오로 2세는 반유다주의를 드러내는 사건이 생길 때마다 어김없이 전부 단죄하고 있다. 1974년 이후 지금까지 30년 동안, 유다인들과의 종교적 관계를 위한 바티칸 위원회는 교황청 그리스도인일치촉진평의회의 일부였다. 이 사실은 교회가 유다교와 그리스도교를 완전히 갈라진 두 개의 종교라고 생각하지 않고, 그들이 공유하는 성경을 통해 긴밀히 연결되어 있다고 생각한다는 것을 보여 준다. 그리스도인과 유다인의 대화에서 자주 말해 왔던 것처럼, 현 교황은 1980년에 독일 마인츠에서 아주 적절한 표현을 했다. "구약성경과 신약성경이 교회 안에서 서로 대화를 나누는 중입니다."

인간관계는 편견을 극복하고 갈라진 데 다리를 놓는 일에 매우 중요하다. 나는 제2차 바티칸 공의회에서 그것을 터득했다. 회기 전후에 공의회 교부들은 의견을 교환할 수 있었고, 유다교 대표들이 포함되어 있던 대규모 비가톨릭 참관인단의 소견이 최종 문서에 비중 있게 반영되었다. 우리가 공유하는 도덕적 가치를 보존하고 함께 지키려 한다면 대화는 필수적이다. 그래야 과거에 있었던 무서운 과오가 다시는 되풀이되지 않는다. 이 대화를 우리는 결코 중단해서는 안 된다.

5

그리스도교와 이슬람교의 대화

큰 세계종교 중 하나이며, 그보다 특히 세 유일신교 중 하나인 이슬람교에 대한 나의 관심은 1930년대 초반의 학창 시절로 거슬러 올라간다. 당시에 나는 로마에 있는 성경 연구소에서 비교종교학을 공부하고 있었다. 그리고 히틀러 덕분에 제2차 세계대전 중에도 공부를 계속할 수 있었다. 학교에서 종교를 가르치는 것을 나치가 금지시키는 바람에 나는 당시에 대성당 사제로 있던 상트 푈텐에서 종교교육 교사 자리를 잃었고, 그 덕택에 사목 소임 외에 빈 대학교 동양 연구소에 등록하여 공부를 계속할 수 있었던 것이다. 빈은 상트 푈텐에서 불과 65킬로미터 정도 떨어진 곳이라 나는 일주일에 한두 번 기차를 타고 그곳으로 갔다.

이슬람에 대한 관심으로 인해 나는 헌신적인 이슬람교도들을 알게 되었다. 1956년, 빈의 대주교가 되자 이런 일이 훨씬 수월해졌다. 나는 곧 여러 저명한 이슬람교도와 접촉하게 되었다. 2년 뒤에는 베이루

트를 방문하는 길에 이슬람교 지도자들과 얘기를 나누고 그들의 모스크도 방문할 수 있었다.

1964년 11월에 교황 바오로 6세와 함께 세계 성체대회에 참석하기 위해 빈을 떠나 인도 뭄바이로 향하기 직전에, 나와 잘 아는 빈 주재 이집트 대사가 인도에서 돌아오는 길에 이집트를 방문해 달라고 나를 초청했다. 초청은 수락했지만 걱정스러웠다. 제2차 바티칸 공의회는 막바지를 향해 가고 있었다. 제3차 회기가 막 끝났고, 어하튼 우리는 '비그리스도교 선언'의 원칙적 합의에 마침내 도달할 수 있었다(이 선언은 실제로 1965년 10월 공의회 마지막 회기 중에 통과되었다). 나는 그 이전에 3년 넘도록 이 선언을 공식화하는 투쟁에 깊이 관련되어 있었다. 이 선언은 종교 간 대화와 더불어 특히 유다인 문제를 다루었기 때문에 처음부터 격렬한 반대에 부닥쳤고, 가장 논란이 많았던 공의회 선언 중 하나였다.

1962년 10월에 공의회가 개막되자마자 유다인 문제에 관한 문서가 준비되고 있다는 소문이 나돌기 시작했고, 유다인 문제는 정치적 사안이라고 주장하는 아랍 국가들의 맹렬한 반대에 직면했다. 공의회가 유다인 문제에 관한 어떤 선언을 하게 되면 정치적으로 이스라엘을 이롭게 할 것이기 때문에 아랍 국가들은 반대할 의무가 있다고 그들은 주장했다. 소수지만 강력한 힘을 가진 공의회 교부들도 선언이 통과되는 것을 막기 위해 힘닿는 한 무슨 일이든 하기로 결의했다. 그리하여 준비 위원회는 공의회가 실제로 시작되기 전부터 공의회 문서 목록에서 그 항목을 지우고 싶어 했다. 그런 상황에서 우리가 합의에 도달할 수 있었다는 것만 해도 작은 기적이었다. 이런 시점에 내가 아랍 국가를 방문하는 것이 다소 불안한 것은 당연했다. 저명한 이슬람교도들이 공의회의 선언에 관한 한 내게 아랍의 명분을 지지해 달라고 요구하리라는 것은 불 보듯 뻔한 일이었다.

뭄바이를 떠나 카이로로 가기 전에, 나는 귀국길에 이집트에 들를 계획을 교황 바오로 6세에게 당연히 알렸다. 우리는 둘 다 이슬람에 관심이 많았고 프랑스의 동양학자이자 이슬람 학자인 루이 마시뇽의 팬이었다. 마시뇽은 이슬람교도와 그리스도인의 대화를 촉진하기 위해 대단한 노력을 기울였다. 이슬람 종교 문헌에서 거의 알려지지 않은 분야인 이슬람 신비주의에 대해 연구하면서 그는 어린 시절의 가톨릭 신앙으로 돌아갔다. 그때부터 그는 이슬람 신비주의의 자산과 보화를 그리스도인들에게 소개하는 데 일생을 바쳤다. 그는 이 문헌에서 영구불변한 것, 그리하여 그리스도인들에게도 적용되는 것을 강조하고 싶어 했다. 마시뇽은 세 유일신교의 유대 관계를 강조하는 일에 결코 지침이 없었다. 그와 그의 추종자들은 진정 그리스도인과 이슬람교도의 대화를 개척한 선구자로 일컬어진다.

바오로 6세는 내가 이집트로 가고 싶어 하는 이유를 이해했다. 나의 방문 계획에 대해 그와 함께 논의했지만, 이집트 정부의 초청을 받아들이기로 한 결정은 전적으로 내 몫이고 나만의 책임이었다.

카이로로 가는 비행기 안에서 나는 아랍 정치인들이 유다인 문제에 관한 공의회의 선언을 막아 줄 것을 요구하며 보내온 수많은 항의 편지를 떠올렸다. 그리고 정치적 문제에 나를 끌어들이려는 시도가 없기를 기도했다. 그런데 알고 보니 걱정할 필요가 없었다. 나는 자기네 나라에서 나를 보게 된 것을 기쁘게 생각하는 이집트 정부로부터 따뜻한 영접을 받았다. 유명한 알 아자르 대학교를 방문하고 싶어 했던 오랜 소망도 이룰 수 있었다. 알 아자르 대학교는 이슬람의 학문 연구 기관 중에서 가장 오래되고 유명한 곳으로 이슬람 세계의 영적 중심지였다. 내가 방문하기 바로 몇 해 전에 의학부와 공학부도 신설되었다. 당시 알 아자르의 총장 셰이크 엘 부카리는 진심으로 반갑게 나를 맞이하여 이곳저곳을 안내해 주었다. 그리고 정말 뜻밖에도 그는 학생들에게 강연을 해 달라고 요청했다. 나는 성탄절이 다가오고 있기 때문에 빈으로 돌아가야 한다고 설명하면서 훗날 다시 오겠다고 했다. 헤어질 때 그가 물었다. "약속하신 거죠?" 나는 그렇다고 다짐해 주었다.

빈으로 돌아오자마자 이집트 대사로부터 강연 날짜를 정하자는 전화를 받아, 이듬해(1965년) 3월이 좋겠다는 데 합의했다. 그 정도면 강연을 준비할 시간은 충분했다. 가톨릭 추기경이 알 아자르에서 강연 요청을 받은 것은 처음 있는 일이었다. 내가 택한 주제인 일신론의 중요성에 관해 어떻게 말해야 잘 받아들여질지 적잖이 염려가 되었다. 카이로에 도착하여 셰이크 엘 부카리에게 들은 질문 중 하나는 강연 때 무슨 옷을 입을 예정이냐는 것이었다. 그는 '훈장이 많이 달린 다양한 색깔의 예복을 입고 오면 자신들은 큰 영광으로 생각할 것'이라고 했다. 그것이 이슬람에 대한 나의 존경심을 드러내는 동시에 나 자신의 가톨릭 신앙을 증언하는 가장 좋은 방법이 될 것이라고 그는 덧붙였다. 나는 그에게 어떠한 경우에도 로마 가톨릭 추기경은 붉은 옷만 입는다는 점을 설명해 줘야 했다.

나는 침착하고 쉽게 동요하지 않는 성격이다. 그러나 알 아자르의 대강당에서 나를 쳐다보고 있는 이슬람교도들의 얼굴이 대양처럼 펼쳐진 광경에는 가슴이 뛰지 않을 수 없었다. '내가 하는 말에 저들이 어떤 반응을 보일까?', '나의 견해가 기분을 상하게 하면 어쩌나' 하고 염려가 되었다.

강연 제목은 '오늘의 세계에서의 일신론'이었다. 내가 영어로 강연을 하면 아랍 말로 동시통역되었다. 일신론의 유래를 더듬어 보고 그 설득력을 강조한 다음, 나는 급속히 하나가 되어 가는 세계에서, 성경을 가진 종교일 뿐 아니라 세계에 가장 많이 퍼져 있는 두 종교인 그리스도교와 이슬람교가 각자의 믿음을 존중하면서 공통점을 면밀히 살펴보는 것이 매우 절실함을 지적했다. 또 가톨릭교회 밖에는 은총이 없다는 신념은 인정할 수 없으며 이제 하느님의 은총이 비그리스도교에서도 발견될 수 있다는 사실을 그리스도인들이 명확히 인식하고 있음을 조심스럽게 강조했다. 어쨌든 때는 1965년 3월이었고 제2차 바티칸 공의회는 아직 진행 중이었다. '비그리스도교 선언'에 관한 합의가 이루어졌다는 소식이 이슬람 세계에까지 전해지지는 않았을 것 같았다. 나는 이슬람교도와 그리스도인이 무신론과 불가지론과 무관심에 반대하는 데에 힘을 함께하자는 호소로 강연을 끝냈다.

다행히도 강연에 대한 반응은 매우 긍정적이었고 이집트의 주요 일간지 「엘 아흐람」El Ahram뿐 아니라 전 세계에서 호의적인 주요 논평으로 보도되었다. 그때부터 나는 그리스도인과 이슬람교도의 대화를 위해 이슬람 신학자들과 종교 지도자들을 접촉하는 일에 최선을 다했다.

1968년에는 테헤란 대학교로부터 조로아스터교가 유럽과 앵글로색슨 세계에 미친 영향에 관한 이야기를 해 달라는 요청을 받았다. 때로는 오리엔트 정교회 방문과 이슬람 지도자 방문을 겸하는 것도 가능했다. 예를 들면, 1978년에 다마스쿠스의 시리아 정교회 총대주교를 방문했을 때, 나는 시리아 이슬람교도의 영적 수장인 최고 권위자 아흐메드 카프타로와 얘기를 나눌 수 있었다. 그는 내게 그랜드 모스크(大聖院)에서 강론해 줄 것을 요청했다.

나와 마찬가지로 카프타로는 세 유일신교인 유다교와 이슬람교, 그리스도교가 세계 평화를 위해 협력해야 한다고 믿었다. 그는 그리스도교와 이슬람교가 오랫동안의 갈등과 불화에서 벗어나 더 가까워지게 하는 일에 전념하고 있었다. 나는 이듬해에 그를 빈으로 초청했고, 그는 빈 대학교에서 그리스도교와 이슬람교가 지닌 공통점에 관해 인상 깊은 강연을 했다. 그는 코란이 예수와 모세를 가장 높이 받들고 있음을 상기시키면서, 과거의 오해를 걷어치울 때가 임박했다고 말했다. "예수와 그분의 거룩한 가르침을 믿지 않는 사람은 결코 이슬람교도가 아니다"라고 그는 역설했다.

이와 같은 접촉이 최근 여러 해에 걸쳐 점차 어려워졌다. 그러니 오늘날 가톨릭 추기경이 알 아자르에서 환영받을지 확신할 수 없다. 슬픈 일이다. 그럼에도 그리스도인과 이슬람교도의 대화는 계속되어 왔다. 점증하는 테러 행위와 근본주의에 비추어 이 대화는 정말 필요하다. 그러나 이슬람 과격주의가 증가하면서, 특히 2001년 9월 11일의 비극적 사건과 그 여파로 양측의 관계는 현저히 우려스러워졌다.

이슬람 안에는 사회를 완전히 이슬람화하는 것을 목표로 하는 전투적 유형에서부터, 이슬람을 고립에서 벗어나게 하려는 신도들에 이르기까지 광범위한 스펙트럼의 신학적 신조들과 학파들이 존재한다. 가장 큰 차이점 중 하나이며, 따라서 이슬람교와 그리스도교 사이에 가장 큰 장애가 되는 것 중 하나는 종교적 신념과 정치권력이 떼려야 뗄 수 없는 관계에 있다는 사실이다. 세속화를 시도해 온 이집트와 터키 같은 소수 이슬람 국가들은 예외지만 여기서는 자세히 논하지 않겠다. 아야톨라 호메이니의 말을 빌리자면, "정치 없이 이슬람은 아무것도 아니다".

이곳에서는 종교와 국가가 동일하다. 이슬람 사회, 즉 이슬람 국가는 그러므로 정치적 의무와 종교적 의무라는 두 가지 의무를 지닌다. 기도와 단식, 자선과 같은 모든 종교적 의무뿐 아니라 모든 법률 규정도 종교와 정치권력의 이 같은 결합 속에 포함되어 있다. 이와 같은 종류의 신정神政주의 체제에서 관용과 양심의 자유, 인권을 위한 여지가 어디까지인가가 역시 하나의 쟁점이다. 나는 대부분의 이슬람교도가 이 둘을 구분하여 볼 것이라는 사실을 잘 알고 있다. 그럼에도 불구하고 이것은 확인해 보아야 할 사항이다. 코란은 양심의 자유를 규정하면서 '종교에는 강요가 없다'고 명확하게 기술하지만 사실은 그렇지 않은 경우가 대부분이다. 성경을 가진 종교인 유다교와 그리스도교는 대체로 다른 종교들보다 더 큰 관용을 보여 주지만, 상당히 많은 이슬람 국가에서는 이를테면 그리스도교로 개종하는 이슬람교도가 그 개종을 위해 여전히 목숨을 걸고 있다.

그리스도인과 이슬람교도의 대화가 최상층 신학자 수준에서뿐 아니라 일반 신도들 사이에서 오히려 더 어려운 이유 중에는 그리스도인과 이슬람교도가 서로 두려워한다는 사실도 포함된다. 십자군은 이슬람 세계가 겪은 굴욕적 체험이었다. 따라서 오늘날 '테러에 대항하는 십자군'을 말하는 것은 분명 아무런 도움이 되지 않는다. 그 말은 충격적 상처를 떠올려 줄 뿐이다. 갈등으로 인해(최근의 발칸반도 분쟁과 같은) 너무나 자주 수면에 떠오르는 무시운 역사의 영향력을 결코 간과해서는 안 된다. 십자군과 그 후의 식민지주의뿐 아니라, 현재 상당히 많은 이슬람 국가가 의존하게 된 서방세계의 과학기술의 우위도 이슬람교도들에게 깊은 열등감을 안겨 주었다. 게다가 서방의 대학교에 유학한 학생들이 흔히 자유사상과 개화된 사고방식을 가지고 돌아와 본국의 지식인 사회에 영향을 주고 이슬람 사회를 위협하는 것으로 인식되고 있다. 이 모든 것이 오로지 반反서양 정서의 불길을 부채질하는 데 기여해 왔다. 그리고 이슬람 내에서 사회질서를 공고히 하면서 퇴폐적이고 도덕관념 없고 '신의 존재를 부인하는' 서양보다 이슬람이 훨씬 더 낫다는 것을 '증명하는' 세력을 긍정적으로 재평가하게 만들었다.

많은 그리스도인을 포함하여 상당수 서양인들도 이슬람교도를 무서워한다. 종교와 국가가 하나이며 종교가 국가의 모든 기구를 지배해야 한다는 생각을, 민주주의를 신봉하는 사람들은 상상할 수도 없고 받아들일 수도 없다. 어떤 이슬람 국가에서는 그리스도인들이 열등 시민으로 간주되고 심지어 박해를 받을 위험에 처해 있다는 보도나 이슬람 과격주의자들이 서방에 대항하는 '지하드', 즉 성전聖戰을 계획하고 있다는 보도는 그리스도인들을 매우 불안하게 만든다. 아울러 서양에 거주하는 이슬람교도들이 서양을 통렬히 비난하며 쉽사리 대화할 뜻이 없음을 드러내면, 이 같은 불안은 증폭되고 분노와 원한으로 변하는 경우가 많다.

두려움의 근본 원인 중 하나는 무지다. 그리고 무지에 대한 가장 좋은 처방은 지식이다. 이 경우에 지식은 서로의 종교에 대해서 더 많이 알게 되어 대화의 기초를 개선하는 것이다.

이 문제에 관한 전문가들에 의하면, 여전히 유럽 밖의 대다수 이슬람교도는 그리스도인과 이슬람교도의 대화는 허용할 수 있고 또 실행 가능하지만 이슬람만이 최종적이고 완벽한 형태의 종교이기 때문에 그런 대화는 군더더기라 여긴다. 그러나 이슬람 세계 대회에 참석한 최상위급 이슬람교도들은 급속히 하나가 되어 가고 있는 세계에서 이슬람교도와 그리스도인은 서로 더불어 사는 법을 배워야 한다는 것을 점차 분명히 의식해 가고 있다. 서로 존경하고, 오해를 피하려 노력하며, 갈등을 폭력 없이 해결하는 법을 배우기만 한다면 이것은 가능한 일이다. 진지한 대화를 찬성하는 이슬람교도 그룹이 아직은 작지만 점점 성장해 나가고, 증오로 똘똘 뭉친 이슬람교도와 우리 못지않게 증오를 거부하는 사람들을 우리 모두가 구별할 수 있게 되기를 나는 소망한다. 제2차 바티칸 공의회는 가톨릭교회가 이슬람교도를 존경하고 있으며 그리스도인과 이슬람교도가 과거를 잊고 '모두의 이익을 위해 상호 이해하려는' 노력을 성실히 할 것을 촉구하고 있음을 특별히 강조한다.

근본주의가 세계적으로 대두되는 이때, 근본주의자들은 어떤 생각을 하고 있는지 알아야 한다. 그리하여 그들과 더불어 사는 법을 우리는 터득해야 할 것이다. 근본주의자로 낙인찍힌 사람들 모두가 사실은 똑같지 않다. 프랑스 사회학자 질 케펠은 『하느님의 복수』*The Revenge of God*라는 저서에서 유일신교의 부흥은 반드시 근본주의와 연관되어 있다고 설명한다. 엄격한 종교운동을 하는 사람을 전부 다 근본주의자라고 비난하는 것은 잘못된 일이다. 어떠한 열렬한 신앙고백도 그것이 다른 사람들을 공격하는 행동과 결합되지 않는 한 근본주의는 아니다.

나는 19세기 말엽 북아메리카에서 나타난 근본주의와, 조금 다른 배경과 관념을 가진 유럽의 근본주의를 구분하곤 했다. 북아메리카 근본주의는 자유주의신학과 현대의 성경 주석 및 현대 과학에 대한 반발이었다. 이러한 새로운 사태에 대항하기 위해, 북아메리카의 근본주의자들은 그리스도교 신앙의 기반인 성경과 원리를 방어할 필요성을 강조했다. 그들은 문자 그대로 절대적인 성경 무류설을 믿고 있다.

유럽의 근본주의는 미국형 근본주의와 관련은 있지만 똑같지는 않다. 미국의 프로테스탄트 근본주의와는 달리 유럽형은 경멸의 의미를 내포한다. 유럽의 많은 사람이 근본주의에 대해 말하지만, 그들 중 누구도 근본주의자라고 불리고 싶어 하지 않는다. 이것은 성경을 방어하는 입장이 아니라 현대의 세속화된 세계를 반대하는 입장이다. 근본주의자들은 그런 세계에 대항해서 그들 자신과 자신들의 신앙을 방어하고자 한다. 이것은 종교 다원론과 종교의 자유 및 양심의 자유에 반대하는 것을 의미한다. 근본주의자들이 볼 때 이런 것들이 바로 근본주의 신앙 원리를 위태롭게 하는 것이기 때문이다. 예를 들면, 제2차 바티칸 공의회 이후에 가톨릭교회의 고유한 유산에 대한 우려가 커졌다. 작지만 완강한 소수는 이 유산이 사라질 위기에 처해 있다고 보았다. 파문당하기 전까지 르페브르 대주교는 교회일치와 종교 자유 및 교회의 모든 자유주의적이고 민주적인 경향에 반대하는 공격적이고 근본주의적인 교회 내 운동의 기수였다. 제2차 바티칸 공의회의 선언에 있는 문장들을 오해하여 신자들의 불안과 이른바 '다른 사람들'에 대한 불신을 증대시키곤 했다.

근본주의 성향은 모든 종교적·문화적 경계를 넘어 협력한다. 서면으로든 구두로든 올바른 논의가 대개 불가능해진다. '다른 사람들'의 논리나 대답은 쉽사리 받아들여지지 않는다. 근본주의자들은 위험에 처한 자기네 신앙의 근본이 과거에 매달려 전통을 고수하는 '진정한 신자들'에 의해서만 회복될 수 있다고 믿는다. 이로 인해 불신과 상처와 비난에 이르게 되며 이런 현상은 현재 증가하는 추세다. 충돌이 잦아지고 연대는 약화된다.

광신자들이 활약하면 어느 세계종교에서나 소름끼치는 결과를 낳는다. 정치적 이유로 하느님을 정치적 갈등에 동맹으로 끌어들인 경우 결과는 언제나 걷잡을 수 없는 사태에 이르렀다.

유럽에 이슬람교도 수가 증가함에 따라 유럽인들의 불안은 더욱 커졌다. 현대 서양 문물이 기반을 구축한 곳에서는 이슬람교도가 스스로의 정체성과 문화와 가치관과 규범을 상실한다고 어떤 이슬람 지도자가 발언하면 서양에서는 근본주의 경향이 심화된다.

근본주의가 사회 전반적 분위기를 더욱 악화시킬 뿐이라는 이유로 그것을 과대평가하여 무조건 탓을 해서는 안 되지만, 그렇다고 과소평가하여 마치 일시적 유행에 불과한 것으로 취급해서도 안 된다. 근본주의자들을 원탁회의에서 '개종시킬' 수는 없으며 텔레비전 토론으로는 훨씬 더 힘들다. 오히려 이 같은 종류의 토론은 역효과를 내어 정반대의 결과를 낳는다. 가장 중요한 것은 근본주의자라는 유령을 아는 것이다. 근본주의자가 세상을 보는 방식은 이 유령 속에 반영되어 있다. 냉전 시대 미국에서는 공산주의가 유령이었다. 현재 유럽에서 그 유령은 종교적 자유주의 혹은 개인주의와 더불어 세속화된 우리의 현대 세계다. 세계의 정치적·경제적 상황이 복잡해지면 복잡해질수록 사람들은 지나치게 단순화함으로써 그릇된 길로 이끄는 경향이 있는 카리스마적인, 아니 '카리스마광적인' 대상에게 더욱더 깊이 빠져든다. 그 결과, 우리가 다문화 사회에 살고 있다는 사실을 인정하지 않는 흑백의 세계를 강요하게 될 뿐이다.

앞으로 나아갈 유일한 길은 개인적 대화를 통해 서로 간에 신뢰를 심어 주고 각자의 분명한 종교적 원리에 입각한 모범을 보여 주는 것이다. 이 길만이 우리의 꼬인 마음을 풀어 주고, 근본주의자들의 혐오스러운 모습에 대해 보다 더 비판적인 견해를 가지도록 대화를 부드럽게 유도하며, 더 폭넓은 대화를 위한 기반으로서 최소공통분모를 찾아내는 유일한 기회다. 근본주의자들을 불안하게 만들지 않는 것이 중요하다. 그들이 불안해하면 대화는 헛수고가 될 것이다. 어느 누구든 강제로 대화에 끌어들일 수 없다는 사실도 늘 명심해야 한다.

6

종교 간 대화

아주 어릴 적부터 나는 외국어로 말하거나 다른 종교를 믿는다면 기분이 어떨까 궁금했다. 통조림 깡통이나 종이 상자에 다른 나라 말이 쓰여 있으면 눈에 확 들어왔다. 그리고 오래지 않아 바깥세상에는 나와 다른 언어를 말하고 나와 다른 종교를 가진 사람들이 있다는 사실을 알게 되었다. 나는 항상 똑같은 언어를 사용하고 똑같은 종교를 가진 사람들에 둘러싸여 있었기 때문에 이러한 발견에 나는 강한 호기심을 품게 되었다. 각자 다른 언어를 말하고 다른 종교를 가진 사람들이 서로 사이좋게 지내는지가 나는 궁금했다. 어린 시절부터 이처럼 언어와 세계종교에 마음이 끌렸던 것은 아마도 하느님의 섭리였을 것이다. 이 같은 끌림은 평생 동안 지속되었을 뿐 아니라 비교종교학 연구와 언어는 내가 좋아하는 두 가지 핵심 분야가 되었다. 따라서 그리스도교와 다른 종교의 관계가 훗날 나의 으뜸가는 관심사 중 하나가 된 것은 당연한 일일 수밖에 없었을 것이다.

무엇보다 뜻깊은 이 문제와 더불어 나는 많은 세월을 보냈고, 비교 종교학 연구는 내가 그리스도를 향해 가는 제2의 길이 되었다. 물론 무척 혼란스러운 시기도 있었다. '나의 신앙과 다른 신앙에는 어떠한 공통점이 있는가? 또 차이점이 있다면 무엇인가?' 하는 문제로 고심하기도 했다.

오랫동안 그리스도교는 스스로 다른 종교들보다 우월하다고 주장해 왔다. 유럽 사람들은 세상으로, 유럽의 식민지들로 그리스도교를 들고 나가 자기네 종교가 '하나뿐인 진정한 종교'라고 거만하게 외쳤다. 그것은 불행하게도 서양의 우월성에 대한 그릇된 믿음이었으며, 이 믿음은 현대의 비교종교학자 몇 사람이 모든 종교는 같다고 선언하자 역풍을 만났다. 나의 결론은 그 중간쯤에 있다.

그리스도인으로서 나는 하느님이 예수 그리스도를 통해 우리에게 말씀하신다고 믿는다. 그리고 바로 그 이유 때문에 나는 다른 종교에서 우리가 발견하는 풍요로움에 놀라고 그들을 존중하지 않을 수 없다. 그리스도인으로서 특전을 받은 지위를 가지고 있되 우리는 겸손함을 잃지 않고 그리스도의 메시지가 우리를 초월한다는 것을 이해해야 한다. 다른 종교들을 위한 하느님의 계획이 무엇인지 이해하고자 계속 노력해야 한다. 다른 종교들도 진리를 찾으려 애를 쓰고 있다는 사실을 인정하는 데 나는 아무런 거리낌이 없다. 종교 간 대화에 몰두하는 사람들이 비그리스도인들을 개종시키려 들지는 않으면서, 말하자면 눈높이에 맞춰 자신의 신앙을 솔직하게 논의할 준비가 되어 있지만 오히려 자신의 신앙을 잃고 심지어 신앙을 배신하게 될 위험이 있다고 우려하는 가톨릭 신자들도 있다. 실제는 정반대다. 종교 간 대화에 몰두하면 할수록 나의 종교적 신념은 더욱 깊어만 간다.

수학과는 달리 종교적 신념은 증명될 수 없다. 믿을 만한 이유가 충분하더라도 결국 신앙은 개인의 결정에 달려 있다. 이것이 어느 누구에게도 결코 신앙을 강요할 수 없는 이유다. 그러므로 이것은 진리에 대한 소유권을 주장하거나 어느 종교가 더 우월하다는 것을 증명하는 문제가 아니다. 대화는 상대방이 끝끝내 의견을 달리하더라도 상대방을 인간으로 존중한다는 것을 의미한다. 우리가 전쟁과 갈등을 피할 수 있는 유일한 길은 이러한 대화에 달려 있다. 민심을 소란케 하는 자들의 경고나 근본주의자들의 반대에도 불구하고 우리는 이 대화의 문을 열어 놓고 대화를 계속 부추기는 것이 매우 중요하다.

여기에 사추덕四樞德이 무엇보다 중요하다. 자신의 행위에 따른 결과를 판단할 수 있는 '분별력', 각자에게 주어진 원칙으로서의 '정의', 담대히 증언하는 '불굴의 용기', 자제와 중용을 추구하는 '절제'가 바로 그것이다. 여기에다 요즈음에는 오늘의 세계에서 윤리적 행동을 하는 데 결정적으로 중요한 네 가지, 즉 관용과 존중과 연대와 평화 애호를 덧붙여야 할 것이다. 다문화 사회에서 모두가 평화롭게 더불어 살려면 관용이 결정적으로 중요하다. 관용은 하나의 개념일 뿐 아니라 특별한 훈련을 통해 얻을 수 있는 인간 행동의 중요한 요소다. 그런데 이것은 올바른 관용이라야 한다. 우리는 형식적 관용과 진정한 관용을 구별해야 한다. 형식적 관용은 다른 견해를 의심 없이 무조건 받아들이는 것으로 무관심에서 비롯되는 경우가 많다. 이는 부정적인 것이다. 즉, 편견과 부인이 남은 채 결국 오만과 배척으로 끝날 수 있다. 반면에 진정한 관용은 의견이 다를 수 있음을 거리낌 없이 인정하고 서로 배우려 하는 것이다. 그럼으로써 편견이 사라지고 다른 사람의 의견을 존중하는 마음이 생겨날 수 있다. 한편, 평화를 사랑하는 것은 지구 전체를 이해하는 데 결정적으로 중요한 것이고, 연대는 '우리는 모두 한배를 탔다'는 신념이다.

제2차 바티칸 공의회는 다른 종교에 대한 교회의 태도를 완전히 바꾸어 놓았다. 공의회에서 다른 종교의 가치를 구체적으로 언급한 것은 처음 있는 일이었다.

> 사람들은 옛날이나 오늘이나 인간의 마음을 번민하게 하는 인생의 풀리지 않는 물음에 대한 해답을 여러 종교에서 찾고 있다. 인간이란 무엇인가? 인생의 의미와 목적은 무엇인가? 선은 무엇이고 죄는 무엇인가? 왜, 무엇 때문에 고통을 겪어야 하는가? 참행복의 길은 어디에 있는가? 죽음은 무엇이고, 죽은 뒤의 심판과 보상은 무엇인가? 마지막으로, 우리 삶을 에워싸고 있는 형언할 수 없는 저 궁극의 신비는 무엇인가? 우리는 어디에서 와서 어디로 가는가?(비그리스도교 선언 1).

> 가톨릭교회는 이들 종교에서 발견되는 옳고 거룩한 것은 아무것도 배척하지 않는다. … 그러나 교회는 길이요 진리요 생명이신 그리스도를 선포하며 또 끊임없이 선포하여야 한다(비그리스도교 선언 2).

'비그리스도교 선언'은 사람들이 서로 더욱 가까워지고 있는 세상에서 교회는 '비그리스도교와의 관계를 더욱 진지하게 숙고하고 있다'고 설명한다. 여기서 공의회는 그런 '관계'가 있는지 묻지 않고 '어떤 종류의 관계'가 존재하는지 묻고 있음에 주목하는 것이 중요하다. 공의회는 이런 관계를 증진시켜야 한다고 말하고 있다. 선언은 '민족 사이에 일치와 사랑을' 촉진하는 것이 교회의 사명이므로 이것은 중대한 문제라고 밝힌다.

'비그리스도교 선언'이 작성되고 있던 1964년 12월, 나는 교황 바오로 6세를 수행하여 뭄바이에서 열린 세계 성체대회에 참석했다. 교황 바오로 6세는 인도가 유구한 문화를 간직한 나라이며 위대한 종교의 요람임을 강조한 다음, 『우파니샤드』*Upanishads*에서 다음과 같은 구절을 인용했다. "허상에서 저를 실체로 이끄소서. 어둠에서 저를 빛으로 이끄소서. 죽음에서 저를 불멸로 이끄소서." 그리고 다른 행사에서 바오로 6세는 "우리는 현대적 전달 수단의 도움으로, 즉 대중매체를 통해서뿐 아니라 마음을 통해 서로 가까워져야 한다"고 말했다.

그의 발언은 당시 인도에 깊은 인상을 남겼다. 내가 주요 종교 대표들을 '종교 회담'에 초청하도록 부탁받은 것도 그때였는데, 당시로서는 그런 모임이 처음이었다. '대화'라는 표현은 아직 없었다. 사람들로 꽉 들어찬 강당에서 우리는 높은 원탁에 둘러앉았다. 발언자는 이슬람교도, 힌두교도, 불교도, 조로아스터교도와 나까지 네댓 명이었던 걸로 기억한다. 우리는 한 사람씩 차례로 일어나서 자기가 믿는 종교의 본질적 측면을 설명했다. 매우 의례적인 모임이었다. 토의는 없었고 결론도 물론 없었다. 그러나 처음으로 조심스럽게 '의사를 떠보는' 자리였고, 지나온 과거에 비추어 볼 때 의미 있는 변화의 신호였다.

요 얼마 전에 나는 인도에서 온 조그마한 소포를 하나 받았다. 열어 보니, 거의 일생을 인도에서 보낸 오스트리아 예수회 요제프 노이너 신부의 회고록이 들어 있었다. 그는 제2차 바티칸 공의회에서 상담역 신학자였는데, 인도에서 겪은 자신의 체험과 힌두교에 대한 지식으로 비그리스도교에 대한 교회의 대도를 밝힐 선언의 초안 작성에 매우 귀한 도움을 준 바 있다. 훗날 인도에서는 주로 사제 양성과 관련된 활동을 했는데, 자신의 활동이 공의회의 영향을 많이 받은 것이라는 내용을 회고록에서 보니 매우 기뻤다. 표지에 실린 그의 얼굴에는 절로 미소가 지어졌다. 오랫동안 알고 지낸 그 친숙한 얼굴이 어쩐지 인도인의 모습을 닮은 것 같았다. 그의 미소와 눈매에는 대단히 인도스러운 무엇이 담겨 있었다. 아마도 그것은 성공한 토착화의 증표가 아닐까?

공의회가 내놓은 하나의 극적 성과로는 1986년 아시시에서 열린 세계 평화를 위한 기도의 날을 들 수 있다. 교황 요한 바오로 2세는 세계의 종교 대표자들을 아시시로 초청하여 평화를 위해 기도하도록 했다. 그들 전부가 공동기도에 함께한 것은 아니고 각자 따로 기도했지만, 걱정이 과하거나 반대 입장인 사람들은 다짜고짜 교황이 현대적 상대주의의 소용돌이에 휘말려 있다고 비난했다. 그들은 잘못 짚었다. 이 모임에서는 무엇보다 우선 가톨릭교회가 세상에 평화와 연대를 촉진하는 데 전념하고 있다는 강한 표징이 드러났다. 그리고 둘째로, 아시시 기도회에서는 19세기 후반에서 20세기 초반에 비교종교학 분야에서 출판된 수많은 학술 논문과 논평 및 논쟁들이 거의 잡음 없이 정리되었다. 그리고 주요 초점을 인류의 미래를 위한 종교의 힘과 효력에 맞추었다.

오늘날, 다원적 세계 문화 속에서 종교 간 대화는 지극히 중요하다. 과거에는 그리스도인들이 다른 문명에 관해 별로 알지 못했고 비그리스도교 신도들을 '이교도'나 '우상숭배자'로 여기면서 그들의 종교를 미신이나 사이비 종교로 보았던 반면에 종교 간 대화는 새로운 인식을 심어 주었다.

지난 수십 년 동안 종교 사학자 상당수가 대大종교 연구와 종교 다원주의 문제로 관심을 돌렸다. 세계화 과정을 통해 세계가 다방면에서 급속히 하나가 되어 가고 있는 이때 이 같은 과제는 그만큼 중요해졌다. 선구자들은 주로 문화사와 종교사에 대해 서양의 개념을 가진 서양의 입장에서, 그리고 서양의 개화와 세속화라는 관점에서 다루어 나갔다. 그러나 이 같은 새로운 신학 분야는 이제 세계의 다른 지역, 특히 아시아의 그리스도인들에게로 관심을 돌리기 시작했다.

더 이상은 다른 종교들을 무시할 수 없고 용인해야 하는 세상에서 그리스도교가 스스로를 어떻게 이해해야 하는가를 다루는 가장 중요한 사상가로 예수회 자크 뒤피 신부를 꼽을 수 있다. 뒤피 신부는 거의 40년을 인도에서 살면서 20여 년 동안 다르질링 근처에 있는 국제 신학 대학에서 신학을 가르쳤다. 그곳에서 그는 불교, 그리스도교, 유교, 힌두교 같은 세계의 여러 전통적 대종교의 대표들과 대화를 나눌 수 있었다. 그 후 로마로 돌아와서는 은퇴할 때까지 나의 모교인 그레고리오 대학에서 그리스도론을 가르쳤다. 자신의 체험과 다른 종교 전통에 대한 지식, 아울러 예수 그리스도에 대한 전문 지식을 통해 그는 모든 면에서 종교 간 대화의 그리스도교 대표가 될 탁월한 자격을 갖추게 되었고 이상적인 적임자로 평가받게 되었다.

1997년에 출판된 뒤피 신부의 역작 『종교 다원주의의 그리스도교 신학을 위하여』를 받아 들고 느꼈던 흥분은 지금도 기억할 수 있다. 책에 푹 빠진 채 나는 며칠에 걸쳐 꼼꼼히 읽었다. 뒤이어 2001년에 나온 『그리스도교와 또 다른 종교들』도 대단히 훌륭한 책이다. 그 책이 내게 헌정한 것임을 알고 나는 크게 감동했다.

뒤피 신부는 구원하시는 하느님의 현존이 그리스도교가 아닌 종교를 믿는 사람들에게 어떻게 중재되고 있는지 면밀히 살피는 근본 문제를 용감하게 탐구한다. 가장 그럴싸한 방법은 그들의 종교적 전통을 통하는 것이라고 뒤피 신부는 제안한다. 그러면서 이것이 하느님의 구원 계획에 있어서 다른 종교들을 그리스도교와 동등한 종교로 여기는 것을 의미하지는 않는다고 곧바로 덧붙인다. 그들이 지니고 있는 가치가 무엇이든 그것은 유일한 중재자이신 예수 그리스도의 구원 사업에 그들이 '참여하는' 덕분이다. 뒤피 신부는 교황 요한 바오로 2세가 이 주제에 관해 쓴 글이 자신의 탐구에 힘이 되었음을 강조하면서 교황의 말을 자주 인용한다.

그는 자신이 새로운 분야를 탐구하고 있음을 안다. 따라서 우리가 다른 세계종교에 대해 새로운 존경심을 가지려면 '질적 도약'이 필요하다고 그는 말한다. 나는 그의 말에 진심으로 동의한다. 그렇기 때문에 나는 1998년에 신앙교리성이 그를 고발했을 때 그를 옹호했다(고발된 문제는 다행히 나중에 잘 해결되었다). 2001년, 그레고리오 대학 개교 450주년 기념식에서 교황은 인류 구원을 위한 하느님의 계획에 다른 종교들이 지닌 의미를 다룬 뒤피 신부의 '선구적' 작품을 인정했다. 나의 기쁨은 이루 말할 수 없었다.

젊은 시절에 나는 다른 종교에 관한 것을 책에서만 읽을 수 있었다. 이제 우리의 교회일치운동 및 종교 간 대화의 상대가 이웃과 동료로서 우리 가운데 살고 있다. 오늘날 수많은 종교 가운데에서 가톨릭 신자가 되는 것이 무엇을 의미하는지 우리는 자문해 보아야 한다. 이것은 새 천 년의 가장 중요한 문제 중 하나로, 많은 도움이 필요한 매우 어려운 문제임은 의심할 여지가 없다. 계시는 완료되었지만 중요한 의문들이 남아 있음을 우리는 안다. 우리는 계시된 모든 것을 이해했는가? 미래에는 새로운 개인적 통찰이 있을 수 없는가? 무슨 뜻으로 우리는 계시가 완료되었다고 말하는가? 우리에게 새로운 계시가 아니라(새로운 계시에 대한 교회의 대답은 분명하다) 계시에 대한 새로운 해석을 제시하는 어떤 사건들이 일어나는 것은 불가능한 일인가?

이런 것이 아마도 그리스도교와 다른 큰 세계종교들 사이에 다리를 놓는 일에 관여하는 사람들이 느끼고 있는 바일 것이다. 이들 모든 종교는 다음과 같은 인간의 궁극적 물음에 대한 답을 찾고 있다. '우리는 어디에서 와서 어디로 가고 있으며 우리 인생의 의미는 무엇인가?'

세상 곳곳에서 활동하는 성령을 믿는다면, 아마도 (계시가 아니라) 새롭게 생겨나는 통찰이 있을 것이다. 일례로 서양 사람인 우리는 아시아에서처럼, 서양과 다른 사고방식에 관하여 정말 제대로 알고 있는가? 오직 대화만이 이 분야에서 새로운 통찰을 얻도록 우리를 도와줄 것이다.

7

비신자들과의 대화

 당시에는 주목받지 못한 작은 일이었지만, 제2차 바티칸 공의회 중에 설치된 세 개의 사무국이 세상을 향해 교회의 문을 여는 데 결정적 역할을 하게 되어 있었다. 그리스도교 일치 촉진 사무국과 종교 간 대화 사무국은 앞에서 이미 거론했고, 이제는 비신자 사무국으로 처음 알려졌던 셋째 사무국을 거론할 차례다.

 1965년 2월, 공의회 제3차 회기가 끝났을 무렵 교황 바오로 6세가 나를 찾아왔다. 교황은 내게, 답을 찾고 있지만 그리스도교 신자도 아니고 다른 종교의 신자도 아닌 모든 선의의 사람들과 대화를 추구할 셋째 사무국을 이끌어 달라고 당부했다. 그 사무국은 이른바 '비신자들'과의 대화에 관여하게 되어 있었다. 나는 다소 놀라지 않을 수 없었다. "제가 꽤 익숙한 분야인 종교 간 대화 사무국을 맡아 달라고 하셨다면 추진해 나갈 방법이 약간 있습니다만 … 비신자들, 무신론자들과의 대화라니오? 좀 당황스럽습니다. … 어찌 시작을 한단 말입니까?"

교황은 나직이 대답했다. "Usus docebit." 말하자면 이런 의미다. '일단 시작하세요. 일을 해 나가면서 배우게 될 것입니다.' 요즘 말로는 '실전 학습' 정도 될 것이다. 로마로 옮겨 가지 않고 빈에 머물 수 있다는 조건으로 나는 동의했다.

비신자 사무국은 두 달 후인 1965년 4월에 창립되었다. 시작은 분명 쉽지 않았다. 트라스테베레에 있는 작은 사무실 하나가 배정되었다. 칼 라너와 기초신학자 요한 밥티스트 메츠가 첫 멤버였다. 공의회 마지막 회기가 시작되기 전인 그해 여름에 우리는 '인간과 종교'를 주제로 잘츠부르크에서 열린 회의에 초청을 받았다. 이 회의는 특별히 독일연방공화국 출신 가톨릭 학자들의 자유 협회인 '바오로 협회'Paulus-Gesellschaft가 주최했는데, 이들은 마르크스주의자들과 그리스도인 과학자들 그리고 신학자들을 함께 참석시키려 애를 쓰고 있었다. 아쉽게도 공산주의 지식인 여러 명이 그들 정부로부터 비자를 받지 못해 참석하지 못했다. 회의가 끝난 후, 마르크스주의자들과 그리스도인들 양쪽 모두는 서로의 견해에 대해 전혀 알지 못하고 있다는 사실을 인정하지 않을 수 없었다.

무신론에 관한 선언은 그때까지 공의회에서 통과되지 않았다. 그것은 논쟁의 소지가 대단히 큰 문제였으며, 1965년 9월에 마지막 회기가 시작되면서 공의회에서 가장 뜨거운 논쟁거리 중 하나가 되었다. 공의회 교부 대다수는 무신론을 파문하는 것을 반대했지만 소수는 단죄하기를 원했다. 자그레브의 프란조 세퍼 추기경과 멜키트 가톨릭 총대주교 막시무스 4세, 그리고 나는 세속화가 증가하는 데는 부분적으로 그리스도인들의 책임도 있다고 생각했다. 또한 나는 호전적 무신론은 무신론의 일부 형태일 뿐이며 서로 다른 형태를 구별할 필요가 있다는 점을 강조했다. 우리는 먼저 전 세계에 존재하는 무신론의 다양한 형태를 조사하여 그 원인을 파악한 다음, 다른 그리스도 교회들과 함께 무신론에 대항할 수단을 논의해야 했다. 무신론을 금지하는 것은 공의회 정신에 부합하지 않았다. 그 누구도 파문당하는 일이 있어서는 안 된다고 나는 강조했다. 우리가 공산주의를 일부러 들먹이지 않았던 이유는 제2차 바티칸 공의회의 선언에서는 특정 국가나 정부의 형태에 대해서 언급하기를 피했기 때문이다.

무신론을 거론한, '현대 세계의 교회에 관한 사목 헌장' 「기쁨과 희망」Gaudium et Spes(이하 '사목 헌장'으로 약칭)에 대한 제8차 최종 개정안이 1965년 12월에 마침내 통과되었다. 주교 2,309명이 무신론 금지에 반대했고, 75명이 무신론 파문에 찬성했으며, 7표는 무효였다. 당시 젊은 신학자였던 요제프 라칭거는 교회가 일부러 공산주의를 언급하지 않고 단죄하지도 않은 것은 가장 긍정적인 일이었다고 말했다. 교회가 이 같은 조치를 취하기로 결정한 사실은 20세기 교회 역사상 하나의 획기적인 사건이었다.

비신자 사무국은 선의의 모든 사람에게 교회의 문을 열도록 당부한 교황 요한 23세의 호소와, 온 세상과의 대화의 중요성을 강조한 바오로 6세의 회칙 「주님의 교회」Ecclesiam Suam에 기반을 두었다. 말하자면 그것들은 새로운 사무국의 헌장이었다. 「주님의 교회」에서 교황 바오로 6세는 세 사무국을 세 동심원에 비유했다. 가장 큰 첫째 원은 전 인류를 에워싸고 있다. 이 광범위한 원에는 종교가 전혀 없는 많은 사람이 포함되어 있다. 이제부터 그들이 '우리 사무국'의 관심사였다. 좀 작은 둘째 원은 그리스도교가 아닌 종교들을 에워싸고 있고, 가장 작은 원에는 갈라진 그리스도 교회들이 포함된다.

공의회 마지막 회기 중에 바오로 6세는 동유럽 공산주의 국가 출신 주교들을 포함하여 여러 나라 출신 주교 23명을 비신자 사무국 요원으로 임명했다.

사무국의 당면 목표에는 세 형태의 주요 무신론에 대한 연구를 촉진하는 일도 포함되었다. 그 셋은 바로 변증법적 유물론에 입각한 마르크스주의 무신론과 기술적·경제적 발전에 입각한 인본주의 무신론, 그리고 종교에 무관심을 드러내며 앞의 두 무신론과는 아무런 관계가 없는 불가지론의 무신론이었다. 사무국은 정치 형태로서의 공산주의를 다루거나 교회와 공산국가 사이의 관계를 다루지 않았다. 말하자면 교황을 방문하는 공산당 지도자들과는 아무런 관계가 없었다. 1968년에는 사무국이 확대되었다. 당시 상파울루의 보좌주교였던 파울로 에바리스토 아른스도 새 멤버로 합류했다.

또다시 나의 주 관심사가 사목 대상이 되었다. 빈에서 가진 기자회견에서 나는 점증하는 세속주의와 싸우는 데는 온 세계 교회의 협력이 절실하다는 점을 강조했다. 그리고 세속화와 다원주의 같은 용어도 언론에서 부정확하게 사용하는 경우가 너무 많으므로 보다 명확하게 정의해야 한다고 말했다. 우리 가운데 상당수는 '비신자'라는 용어가 정말 적절한 말이라고 절대 생각하지 않았다. 그 말은 무척 부정적으로 들렸다. '오늘의 세계와의 대화를 위한 사무국'이나 '세속 세계와의 대화를 위한 사무국'이 더 적합할 것이라는 의견이 있었지만, 총회에서는 이름을 바꾸지 않기로 결정했다.

우리는 로마에 있는 중앙 사무국만으로는 일을 해 나가기 힘들고, 국가와 지역과 지방에도 반드시 사무국이 필요하다는 사실을 곧 깨달았다. 그리하여 모든 주교회의가 비신자 사무국을 설치하여 세속화 문제를 연구하고 대화 가능성을 검토하도록 요청했다.

1969년 3월, 캘리포니아 버클리 대학교와 아넬리 재단이 로마에서 '불신앙의 문화'에 관한 회의를 개최했다. 참석자 중에는 체코의 철학자 밀란 마코벡도 있었는데, 그는 많은 마르크스주의자가 이른바 '잔인한 마르크스주의'에 이미 반대하고 있으며 대화에 전념하는 무신론을 신봉하고 있다고 밝혔다. 마코벡은 알렉산데르 둡체크 지지자였으며 '인간의 얼굴을 가진 공산주의'를 지지했다. 1968년 8월에 소련의 탱크들이 프라하로 밀고 들어와 '프라하의 봄'을 짓밟았을 때, 마코벡은 오스트리아에 있었다. 그는 오스트리아에 남으라는 권유를 모두 거절했다. "사람들은 마르크스주의 이론에 근거한 사회주의가 '인간의 얼굴'을 가지는 것은 못마땅하게 여기다가도, 막상 공산주의자로 자처하는 자들의 기괴한 민낯을 보면 해외로 도망을 치지요. 나는 프라하에서 살겠습니다." 그렇게 그는 돌아갔다. 대학교수라는 직업을 즉시 잃어버린 것은 당연한 일이었다. 그는 개인교수를 하거나 가톨릭 성당에서 오르간 연주 같은 임시직 일을 하여 가족을 부양하며 이럭저럭 먹고살았다. 『무신론자들을 위한 예수』*Jesus for Atheists*라는 그의 유명한 책이 나온 것은 바로 이때였다. 책은 15개국어로 번역되었다. 교황 요한 23세에 관한 책도 썼는데, 그는 언제나 요한 23세가 우리를 "자식처럼 사랑했다"고 말했다. 그분은 사랑에 관하여 말만 하지 않고 "우리 모두를 … 불교도와 프로테스탄트, 무신론자들을 진실로 사랑했다"는 것이다. 마코벡의 성경 지식은 이른바 '비신자'로서는 참으로 놀라운 것이었다(비신자라는 말이 얼마나 부적절한지 가장 잘 증명해 준다). 그는 칼 바르트, 칼 라너, 위르겐 몰트만 같은 유명한 신학자들과도 접촉을 가졌다.

그동안 사무국 요원이 된 프랑스 예수회 신학자 장 다니엘루와 침례교 신학자 하비 콕스, 미국 사회학자 피터 버거도 회의에 참석했다. 다니엘루는 한 달 뒤인 1969년 4월에 열린 추기경 회의에서 추기경에 임명되었다.

1969년 7월에 사무국은 도쿄에서 '세속주의와 무신론'을 주제로 지역 회의를 개최하고 불교도와 힌두교도 참관인들을 초대했다. 그때까지 우리는 유럽의 시각으로 활동에 접근해 왔지만, 서양의 개념과 견해가 아시아에서는 적용되지 않는다는 것이 이내 분명해졌다. 불신앙, 다시 말해 불신심, 세속주의, 무관심은 대륙과 대륙에서 다를 뿐 아니라 지역과 지역에서도 달랐다.

그해 9월, 멕시코에서도 우리는 아주 똑같은 결론에 도달했다. 그곳 상황이 유럽 상황과 어쩌면 비슷했겠지만, 라틴아메리카 대표들은 세속화와 무신론을 억압에서의 해방으로 보고 있었다.

1972년에는 아프리카에서 두 회의가 동시에 개최되었다. 하나는 프랑스어를 사용하는 나라들을 위해 아비장에서 열렸고, 다른 하나는 영어를 사용하는 나라들을 위해 캄팔라에서 열렸다. 나는 캄팔라 회의에 참석했다. 아프리카에는 그때까지만 해도 무신론자가 거의 없었다. 서양의 대학에 유학한 사람들이 소수 있었는데, 세속주의와 종교에 대한 무관심이 서서히 증가하는 추세였다. 그 지방 주교회의의 도움으로 아프리카에 비신자를 위한 사무국을 영어를 사용하는 나라에 하나, 프랑스어를 사용하는 나라에 하나 각각 설치하기로 결정했다.

1974년 6월에는 유고슬라비아를 방문하기로 했다. 유고슬라비아는 제 갈 길을 가고 있는 것처럼 보이는 나라였다. 나는 혹시 비신자들과 대화를 개시할 수 있을지 알아보고 싶었다. 티토는 평화를 위한 교회와 교황의 노력과 개발도상국에 대한 원조 및 교회일치운동에 대해서도 어쨌든 감사의 뜻을 표명했다. 나는 대화를 시도해 볼 작정이었다. 여느 때처럼 공식 방문은 아니었지만 이번 동유럽 방문은 유일하게 정부 관리들과 얘기를 나눈 방문이었다.

베오그라드와 류블랴나, 자그레브를 방문했을 때, 교회가 정치에 관여하지 않는 한 내가 와서 얘기하는 것을 환영한다는 말을 들었다. 슬로베니아 수도 류블랴나에서 나는 티토와 가까운 친구인 에드바르트 카델쥐를 만났다. 그는 티토의 이데올로기 제창자이기도 했다. 그는 내가 들었던 말, 즉 정치에 관여하지 않는 한 내가 원하는 무엇이든 논의할 수 있다는 것을 직접 확인해 주었다. 그런데 나는 다음과 같은 대화를 통해 확실히 해 두고 싶었다.

"예를 들어 내가 여기 어느 중학교에 가서 사회과학을 가르친다고 합시다. 먼저 마르크스주의를 설명한 다음, 학생들에게 마르크스주의가 유일한 사상은 아니며 다른 사상도 있다고 말하면서 그 사상들에 관해 얘기를 계속할 수 있겠습니까?" 그는 눈썹을 치켜세운 채 잠시 생각하고는 말했다. "그런 경우에는 수학을 가르치는 편이 나을 겁니다." "알겠습니다." 나는 대답했다. "아무튼 그게 분명한 답이군요. 이제 내 위치를 알겠습니다."

신호는 명백했다. 거기까지일 뿐 더는 안 된다는 것이었다.

1970년대 후반 무렵, 과학과 종교의 관계와 같은 주제를 연구하기 위해 설립된 국제 민간 기금 재단인 '노바 스페스'Nova Spes(새로운 희망)가 환경문제의 윤리적·철학적 측면을 주제로 로마에서 몇 차례 회의를 열면서 노벨상 수상자들을 초청했다. 나는 이들 회의의 의장직을 맡아 종교에 관심이 있는 과학자들을 만나는 특별한 즐거움을 누렸다. 종교에 관한 과학자들의 견해는 물론이고 우주의 기원에 관한 그들의 견해 역시 시종일관 나를 매혹했다. 지금도 나는 빈에서 친분 있는 과학자들과 가장 최근의 과학과 의학 발전 동향에 관해 (내가 그들을 따라갈 수 있는 범위 내에서) 정기적으로 논의하고 있다. 한번은 『태블릿』의 전 편집자 존 윌킨스가, 하느님의 컴퓨터가 어떻게 작동하는지 알고 싶어 한다고 나를 책망했던 기억이 난다. 그는 옳은 말을 했다.

비슷한 성격의 회의에서 나는 영국의 물리학자 네빌 모트 경을 만났다. 바로 얼마 전 노벨 물리학상을 받은 인물이었다. 우리는 점심 식사에 나란히 앉았다. 그는 종교가 없는 집안에서 자라나 어린 시절 한 번도 교회에 가 본 적은 없지만, 자신의 아내는 성공회 신자가 되었으며 늘그막에 그 자신도 그리스도인이 되었다고 들려주었다. 급기야 우리는 산상설교와 킹 제임스 역 성경의 아름다움에 관한 이야기를 나누었고, 그날 아침 노벨상 수상자들이 개인 알현으로 교황 요한 바오로 2세와 잠시 만났던 터라 교황의 수위권에 관한 내용도 자연스레 대화에 포함되었다. 권위 문제에서는 나와 의견이 다르다고 정중하게 말하던 매력적인 태도가 지금도 생각이 난다! 훗날 그가 편집한 『과학자들이 신앙을 가질 수 있는가?』*Can Scientists Believe?* 라는 제목의, 시사하는 바가 큰 수필집을 접했을 때 나는 얼마나 기뻤는지 모른다. 당연히 우리는 둘 다 『태블릿』의 애독자였다.

그러는 동안 당시 신앙교리성 장관 프란조 세퍼 추기경이 내게 오스트리아의 프리메이슨과 대화를 시도해 줄 것을 요청했다. 과거 교회법에서는 가톨릭 신자가 프리메이슨 회원이 되면 대죄를 짓는 것으로 여겨 파문했다. 나는 이 문제를 교황 바오로 6세나 세퍼 추기경과 종종 논의해 왔다. 교회 안에서 프리메이슨에 관한 의견은 나라마다 크게 다른 것 같았다. 그리하여 1968년 2월에는 세퍼 추기경이 전 세계 주교회의에 프리메이슨에 관한 몇 가지 질문서를 보냈다.

그가 받은 답변은 대부분 긍정적이었다. 에스파냐를 제외하고, 유럽의 모든 주교회의가 프리메이슨에 관한 교회의 입장을 바꾸는 데 찬성했고, 대부분이 프리메이슨과의 대화를 지지했다. 당시 영국 주교회의 의장이자 웨스트민스터 대주교였던 존 히난 추기경은 "영국 가톨릭 신자가 프리메이슨이 되는 것을 막을 합당한 근거가 없다는 것이 나 개인의 의견"이라고 밝혔다. 이탈리아 주교회의까지도 서한을 통해 "이탈리아 역시 대화할 기회를 모색해야 하며 파문은 재고되어야 한다"고

했다. 1983년 11월 27일에 발효된 새로운 교회법은 프리메이슨을 더 이상 언급하지 않으면서, 가톨릭 신자들이 교회에 반대하여 음모를 꾸미는 단체의 회원이 되는 것을 금한다고만 밝혔다. 새로운 법전이 발효되기 전날, 요제프 라칭거 추기경이 장관이던 당시 신앙교리성은 가톨릭 신자들이 프리메이슨 회원이 되는 것을 여전히 금지하며 이 금지령을 위반하는 것은 대죄라는 교령을 발표했다.

프리메이슨 회원이 되는 가톨릭 신자들을 파문하느냐 마느냐 하는 문제는 오늘날까지 논쟁거리로 남아 있다. 그 점에서 나는 라칭거 추기경과 개인적으로 편지를 주고받으며 15년이 넘도록 이 문제를 거론해 왔다. 오스트리아 프리메이슨과 주고받은 대화는 매우 긍정적이었고 29년 이상 이어졌다. 제2차 바티칸 공의회 이후 교회는 전 세계와의 대화에 열중해 왔다. 무슨 권리로 프리메이슨이라는 세계적 기구와의 대화를 거부하는가? 어떤 형태든 대화에는 상호 존중이 필요하고 서로 대화하려는 데 상응하는 선의가 있어야 한다. 프리메이슨과는 왜 그런 것이 불가능해야 하는가?

1979년, 빈 주재 중국 대사가 내게 접근해 왔다. 그는 당시까지 아직 철의 장막으로 분리되어 있던 유럽에 관한 가톨릭교회의 입장과 최근 막 선출된 교황 요한 바오로 2세에 대해 중국의 관심이 크다고 했다. 우리는 여러 차례 긴 대화를 나누었다. 그는 종교보다 정치에 관심이 많은 것이 분명했다. 어느 날은 내가 중국을 방문하여 중국 인민들에게 내가 원하는 주제로 강연을 해 보겠느냐고 물었다. 나는 종교에 대한 중국 정부의 태도와 중국 내 소수 종교의 상황에 관해 더 많은 정보를 얻을 수 있으리라는 희망에 그 초청을 받아들이기로 했다. 당시는 종교 활동이라면 무조건 억압하던 문화혁명이 끝난 지 3년이 지난 때였다. 그래서 나는 '종교의 미래'에 관한 얘기를 해도 괜찮겠는지 대사에게 물었다. 전혀 문제가 없다는 답변이 돌아왔다. 나는 물론 교황 요한 바오로 2세에게 나의 의향을 보고했다. 그러나 다시 한 번 강조하지만, 그 초청을 받아들이기로 한 것은 순전히 나 혼자의 결정이고 바티칸으로부터는 아무런 명령도 받지 않았다.

1980년 3월 9일, 나는 빈을 출발했다. 베이징에 도착하자 중국인민 대외우호협회 대표들이 공항에 영접을 나왔고 호텔까지 자동차로 데려다 주었다. 이튿날 아침에는 10일간 머무는 동안 초청자들이 계획한 모든 행사에 대한 세부 프로그램을 받았다. 거기에는 만리장성 관광과 경극 관람도 들어 있었다.

'종교의 미래'에 관해 연설을 하면서 나는 동유럽 공산주의 국가들을 여행했던 일과 그 여행에서 얻은 체험을 공개적으로 밝혔다. 그리고 현대 세계에서 종교에 대한 전망은 틀림없이 긍정적이라고 생각한다고 말했다. 그 후에 나는 여러 가지 질문을 받았는데 대부분 바티칸의 동방 정책과 남아메리카 가톨릭교회의 현황에 관한 것이었다. 그러나 유럽에 관한 신학적 질문도 있었다.

나는 불교와 이슬람 공동체의 지도자들을 방문했고, 중국에 있는 프로테스탄트 그리스도인 협회도 방문할 수 있었다. 1976년에 사인방이 제거되고 문화혁명이 끝난 후로는 종교의식을 행하기가 한결 수월해진 듯했다. 새 정부가 종교 자유를 '보장한다'는 이야기도 들었다.

나는 중국 애국 교회(중국 천주교 애국회)의 주교 두 사람과 이야기를 나누었다. 이제 막 서품된 베이징의 푸 주교와 애국 교회 총서기 량 주교였다. 우리는 여러 번 만나 충분히 대화를 나눌 수 있었다. 이야기는 라틴어로 주고받았는데 그들은 라틴어를 유창하게 구사했다. 나는 그들이 진실한 가톨릭 신자이며 교회에 헌신적이라는 인상을 받았다. 중국 천주교 애국회는 공식적으로 분리된 교회지만, 이들 주교의 사고방식에서는 분리된 점을 진혀 찾을 수 없었다. 그런데 내가 오스트리아를 방문할 수 있겠느냐고 묻자 그들은 답변을 회피했다. 또 중국에 주교나 사제가 얼마나 있으며 인구 중 가톨릭 신자는 몇 퍼센트나 되는지도 전혀 제시하지 못했다. 내가 방문했을 때만 해도 미사는 여전히 라틴어와 트리엔트 전례로 봉헌되고 있었는데, 지금은 바뀌었으리라 믿는다. 그 후 오스트리아 교회의 재정적 도움으로 제2차 바티칸 공의회의 모든 문서가 중국어로 번역되었다. 중국에서 내가 직접 미사를 봉헌하는 것은 허용되지 않았다. 중국에서는 오랫동안 그 누구도 제2차 바티칸 공의회에 관한 이야기를 들어 보지 못했다는 말도 들었다.

여전히 로마에 충성하는 이른바 '카타콤 교회'(지하 교회)에 관해서는 어떤 것도 알아내기가 지극히 힘들었다. 지하 교회 신자들을 만나고 싶은 마음이 간절했지만 아쉽게도 성사되지 못했다.

종교 사무국 샤오시엔파肖賢法 국장과의 토론은 흥미로웠다. 정부가 국가의 통제를 받고 있는 중국 천주교 애국회만을 인정하는 주된 이유는 중국이 외국 선교사와 식민주의에서 겪은 불쾌한 경험 때문이며, 따라서 외국에 의존하는 것은 일체 거부한다고 그는 주장했다. 그것이 중국의 교회가 로마와 협조할 수 없는 이유였다. 샤오 씨는 '카타콤 교회'의 존재를 알고 있었다. 그 교회의 주교 여러 명이 감옥에 있는데, 그것은 '정치적 이유' 때문이라고 그는 말했다. 내가 받은 전반적 인상은 그가 상황에 대처해 나갈 준비가 철저히 되어 있다는 것이었다.

지금은 교황청 문화평의회로 알려져 있는 비신자 사무국을 나는 15년 동안 이끌었다. 나는 여전히 대화의 힘을 믿고 있으며 진실은 그것을 조종하려는 모든 노력보다 강하다는 것도 확신한다. 그러나 무엇보다도 나는 그리스도인의 삶을 살아가고 그리스도인의 모범을 보이는 것이 언제나 말보다 더 강하다는 것을 믿는다. 대화가 불가능하다는 것이 입증되고 아무 말도 통하지 않을지라도 단 한마디 말은 남아 있다. 바로 사랑이다.

8
가장 중요한, 하느님과의 대화

제1차 세계대전 이전에 니더외스터라이히에 살던 촌사람들이 대개 그러했듯이 나의 부모님도 선량한 정통 가톨릭 신자였다. 나와 형제들은 어릴 때부터 매일 기도드리는 것이 당연했고, 주일미사에 온 가족이 함께 참석했다. 나는 복사를 해 본 적도 없고 어떤 식으로도 본당 활동에 참여한 적이 없다. 부모님이 내게 사제가 되라고 부추긴 적도 없다.

아주 어렸을 적에 겪은 사건 하나가 일생 동안 내 기억에 남아 있다. 온 가족이 지켜보는 가운데 친척 한 사람이 임종을 맞이했을 때인데, 나도 그 침대 곁에 서 있었든지 무릎을 꿇고 있었든지 했던 것 같다. 당시 나는 고작 네댓 살 남짓했지만 그 침대 옆에서 평화와 평온을 느꼈다. 그렇게 나는 친척들에 둘러싸여 평화롭게 숨을 거두고는 자신을 지으신 하느님께 돌아가는 한 인간을 지켜볼 수 있었다.

하지만 초등학교를 다닐 때는 종교교육, 정확히 말하면 당시 교리라 부르던 것이 내게는 하지 말라는 것들을 끝없이 열거해 놓은 목록처럼

만 느껴졌다. 나는 계명을 어겨 죄를 짓지 않으려 열심이었고, 첫 고해성사를 볼 때는 무척 두려워했던 기억이 난다.

멜크 베네딕도 대수도원의 기숙학교 시절에도 교리는 내게 별 중요한 역할을 하지 못했다. 교리 수업은 일주일에 두 시간뿐이었다. 아주 노쇠한 신부가 수업을 담당했는데, 미안한 말이지만 수업은 좀 지루했다. 그러나 멜크 대수도원의 전체적 분위기는 1920년대 가톨릭 학교 치고는 놀라울 만큼 개방적이었다. 교사 중 몇몇은 매우 훌륭한 사제들이었다. 나는 처음부터 그리스어와 라틴어가 좋았고, 고전문학과 그리스·로마 역사에 매혹되었다. 하지만 영어와 프랑스어도 좋아해서 선택과목으로 정했다. 졸업 시험 과제 중 하나는 특정 주제로 논문을 쓰는 것이었다. 나는 논문을 라틴어로 쓰기로 마음먹고 '호머 시대의 여성'을 주제로 택했다. 런던과 로마로 가는 장학금 중 하나를 택하라는 제의를 받게 된 것도 이 논문 덕분이었다. 나는 로마를 택했다. 마음속 어딘가에 사제가 되려는 뜻도 있었겠지만, 아마 로마제국의 역사에 흥미를 느꼈기 때문이었을 것이다. 내가 만일 그때 런던을 택했다면 사제가 되지 않았을지도 모른다는 생각을 종종 한다.

그 장학금으로 이그나티우스 데 로욜라가 세운 교황청 그레고리오 대학으로 가게 되었다. 오스트리아에서 온 우리 동창생들은 독일 신학대학 기숙사에서 지냈고, 당시(1927년)에는 아직 붉은색 일상 성직복을 입고 있었기 때문에 로마에서 우리는 '삶은 게' gamberi cotti로 통했다.

영원한 도시, 로마에 처음 도착했을 때 내가 특별히 큰 감명을 받은 일이 두 번 있다. 로마의 역사와 문학에 깊이 매료되어 있었던 내가 처음으로 나들이 간 곳 중 하나가 고대 로마의 중심부인 포룸 로마눔을 내려다볼 수 있는 카피톨리노 언덕이었던 것은 지극히 당연한 일이었다. 나는 한때 그렇게도 영광스러웠던 로마제국이 남긴 것이 널따란 폐허뿐인 데 대해 충격을 받았다. 그 충격은 지금도 생생하다. 그곳 잔해들은 이 세상에서 위대하고 훌륭한 것은 모두가 덧없다는 사실을 더욱더 강조하는 것 같았다.

또 하나 내가 깊이 감명을 받은 것은 성 베드로 대성당 미사에 처음 참석했을 때다. 조그마한 시골 본당에서 온 나는 주위의 무수히 다양한 얼굴에 넋을 잃었다. 세계 곳곳에서 온 사람들이 교황이 도착하기를 기다리면서 각기 다른 말로 웅얼거리고 있었다. 그러다가 일순 조용해지더니 비오 12세가 성전으로 들어서자 트럼펫 팡파르가 울려 퍼지면서 장엄미사가 시작되었다. 그 순간 나는 그 어떤 강력한 힘이 이처럼 다양한 사람들을 한데 모아 결합시킬 수 있었을까 하고 자문하지 않을 수 없었다. 맨 처음 성 베드로 대성당을 방문하여 느낀 교회의 보편성과 영적 힘의 역동성에 나는 대단히 감동했다. 내가 사제가 되기로 결심한 데는, 세상에서 이룩한 온갖 업적의 덧없음과 그리스도교의 영적 힘을 절감한 이 두 가지 첫인상이 큰 영향을 끼쳤다는 사실을 깨닫게 된 것은 그로부터 한참 뒤였다.

1년간 철학을 공부한 다음 나는 의문과 회의 때문에 마음이 몹시 괴롭고 불만스러워 맥을 못 추고 있었다. 이 상황을 극복할 묘안을 어디서 얻어야 할지 알 수 없었다. 그러던 중 그리스의 고대철학자 아리스토텔레스가 그리스어로 쓴 『형이상학』 Metaphysics과 이탈리아의 신학자요 철학자인 토마스 아퀴나스의 주석을 도서관에서 대출했다. 이들은 서로 다른 두 세계이자 서로 다른 두 인간이었다. 나는 아침마다 맨 먼저 아리스토텔레스 1장과 거기에 대한 아퀴나스의 주석을 끈질기게 공부했다. 2학년 내내 공부를 계속하여 부활절 무렵에는 아리스토텔레스가 결론에 도달한 마지막 장에 이르렀던 것으로 기억한다. 제1의 움직이지 않는 하나의 원동자原動子가 그의 최종 설명이었다. 여기에 아퀴나스는 간단히 한마디 덧붙였다. "그것은 영원무궁하신in saecula saeculorum 하느님이다." 이렇게 전례용 성구 하나를 덧붙임으로써 아리스토텔레스의 최종 결론이 그리스도교적 변화를 겪게 되었다. 내가 이 모든 것을 숙고하고 있을 때 어디선가 부활절 종이 울리는 소리가 들려 왔다. 오늘날까지도 나는 그 책 두 권을 공부해 나가면서 내적 깨달음(내적 만족감과 무한한 기쁨)이 점점 깊어진 것과 그 깨달음이 별안간 부활절 종소리로 울려 퍼지던 순간을 결코 잊지 못한다.

그런데 나의 인격 형성에 가장 큰 영향을 준 사람은 존 헨리 뉴먼 추기경일 것이다. 나는 뉴먼 추기경과 깊은 영적 친근감을 느꼈고 실제로 지금도 여전히 느끼고 있다. 나는 그의 생활 방식과 신앙 체험, 진리와 정직에 대한 애정에 깊은 감명을 받았다. 무엇보다도 나는 종교적 진리에 대한 그의 직관적 이해와 심리적 통찰에 감탄했다.

내가 성경 연구소에서 비교종교학을 연구하기로 결심한 것은 이때였다. 하느님의 섭리였음이 훗날 드러났고, 내가 일생 동안 행했던 숱한 결정과 마찬가지로 그것은 본능적이고 자발적인 결정이었다. 또한 당시 신학생으로서는 몹시 유별나 보이는 결정이었다. 이때가 1920년대였다. 내가 동방에 있는 다른 큰 세계종교의 책들을 원어로 읽을 수 있게 동방의 언어를 공부하고 싶다고 말하자 적지 않은 사람들이 놀랐다. 그리고 허락을 받아 냈다.

나의 주장에 힘을 불어넣기 위해서, 나는 다른 종교들이 인생의 의미와 같은 기본 문제와, 죽음이나 그 후에 오는 것에 관해 어떻게 말하고 있는지 알아내려고 열심히 노력했다. 모든 종교가 똑같이 진짜였는가 아니면 똑같이 가짜였는가? 예수 그리스도와 다른 큰 세계종교의 창시자들 사이에 차이점은 무엇인가?

나 자신의 종교적 체험과 다른 문화 및 종교에 대한 연구 덕분에 나는 복음 메시지에 대해 새롭고 더 깊은 지식을 얻게 되었다. 다른 큰 세계종교의 창시자들은 인생의 의미를 찾기 시작하면서 끊임없이 인간을 탐구해 나갔다. 반면에 그리스도는 이렇게 말했다. "나는 하늘에서 내려온 살아 있는 빵이다"(요한 6,51). 이것이 그분과 그분의 메시지를 이해하지 못한 이유 중 하나였다. "그분께서 세상에 계셨고 세상이 그분을 통하여 생겨났지만 세상은 그분을 알아보지 못하였다"(요한 1,10).

그리스도교는 인간의 마음이 갈망하는 것에서 솟아 나오지 않았고 역사적 혹은 사회학적 율법에서 나온 것도 아니다. 삼위일체인 하느님에게서 비롯된 어떤 사명에서 나왔다. 그리스도의 메시지는 다른 모든 차원을 초월한다. 그것은 그리스도교 공동체에 관계하고 있을 뿐 아니라 인류 전체에 관계한다. 그분의 주요 메시지는 이것이었다. "네 마음을 다하고 네 목숨을 다하고 네 힘을 다하고 네 정신을 다하여 주 너의 하느님을 사랑하고, 네 이웃을 너 자신처럼 사랑해야 한다"(루카 10,27).

절대적 가치를 지닌 이 사랑이 내가 그리스도교 신앙생활을 하고 사제가 되기로 결심한 이유다. 그러고는 결코 뒤를 돌아보지 않았다.

한때는 예수회 회원들에게 요구되는 높은 학문 수준에 매료되어 예수회 회원이 되고 싶어 한 적도 있다. 그런데 예수회 회원이던 당시 독일 신학대학 학장이 성 이그나티우스가 독일 신학대학을 창립한 것은 세계 교회를 위한 교구사제들을 양성하기 위함이었음을 일깨워 주었다. 그래서 나는 평범한 교구사제가 되었고 그것을 한 번도 후회한 적이 없다. 1933년, 나는 로마에서 사제품을 받았다.

나는 종교가 우리 존재의 일부라고 확신한다. 종교는 우리 안에 깊이 스며들어 있다. 그러므로 우리에게는 '종교적 대화'와 '개인적 기도'가 필요하다. 신앙은 공동체를 추구하기 때문에 우리는 종교적 대화를 필요로 한다. "보라, 내가 문 앞에 서서 문을 두드리고 있다. 누구든지 내 목소리를 듣고 문을 열면, 나는 그의 집에 들어가 그와 함께 먹고 그 사람도 나와 함께 먹을 것이다"(묵시 3,20).

그리고 오직 개인적 기도를 통해서만 우리는 종교적일 수 있는 까닭에 우리에게는 개인적 기도가 필요하다. 그리스도인들이 신비주의자가 되지 않는다면 그리스도인으로 남아 있을 사람이 없을 것이라는 칼 라너의 의미심장한 경고에 나는 전적으로 동의한다. 그런데 '신비주의자'라는 말은 여러 가지 너무나 많은 것을 연상시키기 때문에 나는 '개인적 기도'라는 말을 쓰는 것을 더 좋아한다. 만일 그리스도인들이 더 이상 개인적 기도를 실천하지 않는다면 정말 그리스도인은 금방 다 사라지고 말 것이다. 개인적 기도는 우리를 하느님에게 가장 가까이 데

려가는 형태의 기도임에는 의심의 여지가 없다.

개인적으로 하느님을 찾는 것은 종교심에 기인한다. 기도를 할 때 우리는 하느님께 세상과 우리 마음 안에서 일어나고 있는 것을 이해할 지혜를 구한다. 끊임없이 떠올라 우리를 괴롭히는 의문들, 즉 우리는 어디서 왔는가, 어디로 가고 있는가, 내 인생의 의미는 무엇인가, 이런 물음들에 대한 답을 찾는다.

개인적 기도는 대화다. 기도할 때 나는 허공에다 말하는 것이 아니다. 나의 기도에는 초점이 있다. 나를 사랑하는 분, 우리가 하느님이라고 부르는 분에게 말하는 것이다. 나는 특히 젊은 사람들로부터 기도를 시작하는 방법에 대해 자주 질문을 받았다. 꽤 오랫동안 살아오면서, 나는 기도를 시작하는 가장 좋은 방법은 실행임을 배웠다. 단순함이 중요하다. 기도는 연애와 아주 비슷하다. 중요한 것은 규칙적으로 꾸준히 하는 것이다. 당신을 움직이게 하는 것, 당신이 두려워하는 것, 무엇보다 당신이 희망하고 갈망하는 것을 당신 자신의 말로 하느님께 얘기하는 것으로 시작하라. 당신의 일상생활에서 사소한 일을 가지고 시작하라. 당신에게 아무리 사소한 것 같아 보이더라도, 하느님 앞에 가져가기에 충분히 중요하지 않은 것은 없다. 그리고 용기를 가져라. 기도는 먹혀들고 결코 헛되지 않는다. 우리의 모든 기도는 흔히 예기치 못한 방법으로 예기치 못한 때에라도 이루어진다.

기도는 곧 요구하는 것이다. 그것은 도전이다. 우리는 어떤 식으로든 자기에게 못마땅하고 자기를 불편하게 할 수 있는 무언가에 대해서 굼뜨게 반응하거나 뿌리 깊은 혐오감을 드러내곤 한다. 그런데 기도는 불편하다. 위험도 있다. 우리가 기도할 때는 필연적으로 우리가 해야 할 것과 하지 말아야 할 것을 일러 주는 양심의 소리를 듣게 된다. 그 소리는 '너의 삶은 지금보다 나아질 수 있다'고 말할 수도 있고, 심보를 완전히 고치라는 권고까지 할 수도 있다. 이런 것들은 우리가 받아들여야 할 도전이다.

그리스도인으로 살거나 그리스도인이 되는 것은 언제나 개인의 결정이다. 지난날 다소 폐쇄된 그리스도교 사회에서는 개인의 결정이 덜 중요하게 취급되면서 전통으로 신앙을 대체할 위험이 컸다. 오늘날 우리의 다원화된 사회에서는 개인의 결정과 그 영향력이 훨씬 더 필요하고 중요하다. 오늘날에는 그리스도인이 되는 것이 더 어려울지도 모르지만 성공했을 때는 열정적으로 헌신하고 전인적으로 관여하게 된다. 현대 그리스도인들의 비상 배낭에는 제2차 바티칸 공의회가 추진한 모든 중요한 것들, 즉 순례하는 하느님의 백성이라는 새로운 교회의 이미지, 교회 안에서의 평신도의 중요성, 교회일치 및 종교 간 대화에 대한 헌신이 포함되어 있어야 한다. 그러나 이 모든 것을 위한 기초는 개인적 신앙과 무엇보다도 개인적 기도다. 우리는 개인적 기도를 통해서 하느님 가까이에서 그분의 보호를 받기 때문이다.

미래에는, 그리스도인 개개인의 표양과 주제넘지 않고 소박한 그리스도인의 생활양식이 교회 기관보다 훨씬 더 중요한 역할을 할 것이다. 우리는 여전히 신앙을 반드시 광고해야 하는 전통에 지나치게 푹 빠져 있고, 종교는 여론과 국가의 지원을 필요로 한다고 맹신하고 있다. 이런 생각을 버려야 할 때가 되었다. 내부에서 우러나는 신앙이 다시 한 번 대두되어야 한다. 위압적인 교회 조직에 의해 부분적으로 가려진 신앙이 드러나야 한다. 교회는 교회법과 교회 기관을 넘어서는 것이다. 오늘날에는 점점 더 많은 사람이 그리스도교의 외형을 거부하면서 동시에 본질적 가치를 찾고 있다. 교회가 바뀌어야 하는 것은 이 때문이다. 분권화가 절실히 필요한 이유 중 하나는 묻혀 있는 개인적 신앙의 자원들을 발굴해 내려는 것이다. 내가 말하는 묻혀 있는 자원들이란 종교적 체험을 의미한다. 그리스도인이라는 것은 단순히 십계명을 지키고 규칙을 준수하는 것만을 의미하지 않는다. 그런 사람은 어린아이일 뿐이다. 그리스도교는 사람들을 움직일 수 있고 변화시킬 수 있고 깊이 충족시킬 수 있고 내적 평정과 평화를 가져다줄 수 있는 메시지를 가지고 있다. 우리는 우리의 존재 전체에 영향을 주고 우리가 하느님이라 부르는 무한한 신비에 대한 통찰력을 가지게 하는 그 무엇을 체험한다. 그런 통찰력은 이성만으로는 결코 얻을 수 없는 것이다. 우리는 그리스도교 신앙이 무엇을 제공하며 인간의 삶을 어떻게 변화시킬 수 있는지를 보여 주는 사람으로 돌아가야 한다.

그럼에도 불구하고 그리스도인이라는 것이 결코 개인적 문제일 수만은 없다. 즉, 그리스도인은 언제나 공동체에 통합되어 있어야 한다. 우리는 개인주의 시대에 살고 있다. 오직 자신의 행복에만 관심 있는 사람이 대다수다. 그러나 그리스도인들은 그 행복이 개인을 위해 좋은 것일 뿐 아니라 공동체를 위해서도 좋은 것이라야 한다고 믿는다. 이 같은 견해는 개인주의와 집단주의 사이의 중도 노선이라는 큰 장점이 있다. 그리스도교는 개인과 공동체가 힘을 합치도록 하는 데 관심을 가지고 있다. 우리에게는 질서와 자유, 두 가지가 다 필요하다.

결국 모든 것은 지난 2천 년 세계사에서 가장 중요한 물음 중 하나, 즉 '예수 그리스도는 누구인가'라는 물음에 달려 있다.

이 물음을 제자들과 벗들에게 먼저 던진 사람은 바로 그리스도 자신이었다. 그는 "사람의 아들을 누구라고들 하느냐?" 하고 그들에게 물었다(마태 16,13). 그리고 한층 끈질기게 연거푸 물음을 던졌다. "그러면 너희는 나를 누구라고 하느냐?" 그리스도의 죽음과 부활 이후 이 물음은 우리 각자에게 던져졌다. 만일 예수가 사람에 불과하다면, 비범한 자질을 지니고 있지만 그럼에도 인간일 뿐이라면 이 물음은 대수롭지 않은 것이다. 그러나 만일 하느님이 예수 그리스도 안에 인간의 형태를 취하여 그를 통해 우리에게 말씀하고 계시다면 이 물음은 우리 각자에 관계되는 물음이며, 아무도 그 물음을 진정으로 무시할 수가 없다.

우리가 그리로부터 와서 그리로 향해 가고 있는 우리 존재의 궁극적 신비는 무엇인가? 허다한 전통과 종교가 믿고 있는 것처럼, 묻고 찾는 이 모든 일이 우리에게 맡겨져 있는가? 아니, 하늘에 계신 성부라는 분이 예수 그리스도를 통해 이 물음에 대한 결정적 답을 우리에게 주시지 않았던가.

우리는 히브리인들에게 보낸 서간 1장 1-2절에서 이런 말씀을 듣는다. "하느님께서 예전에는 예언자들을 통하여 여러 번에 걸쳐 여러 가지 방식으로 조상들에게 말씀하셨지만, 이 마지막 때에는 아드님을 통하여 우리에게 말씀하셨습니다. 하느님께서는 아드님을 만물의 상속자로 삼으셨을 뿐만 아니라 …."

오늘날에도 우리 모두가 똑같은 질문에 직면해 있다. 즉, 예수 그리스도는 위대한 종교 지도자이지만 인간에 불과한가? 아니면 하늘에 계신 성부라는 분이 이러한 궁극적이고 중대한 물음에 초점을 맞추어 우리에게 답을 주기 위해 그분을 통해 말씀하고 계시는가? 그리스도인들은 후자를 굳게 믿는다.

9

신앙 없는 시대에
하느님께 이끌리는 우리 마음

1999년 『태블릿』 강연회

얼마 전 『태블릿』의 특집 기사에서는 '가톨릭 신자들은 다 어디로 갔는가?'라는 퍽 곤혹스러운 질문을 던졌습니다. 영국의 어느 유명한 연구소 책임자인 고든 힐드는, 잉글랜드와 웨일스에서 지난 30여 년에 걸쳐 주일미사 참석자 수가 꾸준히 감소했을 뿐 아니라 사제 서품이나 세례성사·성체성사·견진성사를 받는 사람, 거기다 교회에서 결혼하는 사람까지 해마다 급격히 줄어들었다는, 정신이 번쩍 들게 하는 자료를 바탕으로 진단 결과를 내놓았습니다. 힐드는 이것이 '암울한 보고'임을 인정하면서 그 수치를 여느 때처럼 더 넓은 맥락에서 봐야 한다고 주의를 주었습니다. 수치가 감소하는 경향은 영국의 모든 주류 그리스도 교회들에서 볼 수 있는 현상으로, 사실은 유럽 대륙 전체에서 일어나는 현상임을 그는 상기시켜 주었습니다.

벨기에의 유명한 사제이자 사회학자인 예수회 얀 케르크호프스는 힐드의 특집 기사에 자극을 받아 그로부터 5주 후에 잉글랜드와 웨일스에서 드러난 감소 수치는 사실 유럽 전역의 현실을 반영하고 있음을 증명했습니다. 자신의 저서 『사제 없는 유럽』 *Europe Without Priests*(1995)을 근거로 하여 케르크호프스 신부는 유럽에서 가톨릭 사제 수가 감소하는 현상을 특히 우려했습니다. 그는 주로 서유럽에 있는 13개국에 대한 지난 20년간의 통계를 제시합니다. 금년에 출레너 교수와 톰카 교수가 대단히 정밀하게 분석한 자료도 중부 유럽과 동유럽에서 매우 작은 편차가 있을 뿐 비슷한 수치와 경향을 보여 줍니다. 예컨대 공산주의 국가였던 동독에서는 국민의 73퍼센트가 어느 교회에도 소속되어 있지 않습니다. 체코 공화국도 수치가 비슷합니다. 덴마크와 스웨덴의 부정적 통계 자료는 주지의 사실입니다. '유럽인의 가치관 연구'라는 포괄적 자료를 바탕으로 케르크호프스는 유럽 전역이 그리스도교로부터 막연한 불가지론으로 표류하여 포스트모더니즘, 포스트 그리스도인 세속주의로 흘러가고 있다는 결론을 내렸습니다.

1997년에 『문명의 충돌』 *Clash of Civilizations*이라는 문제작을 발표해 세계적으로 주목을 끌었던 새뮤얼 헌팅턴도 비슷하게 결론짓고 있습니다.

> 신앙을 고백하고 신앙생활을 하며 종교 활동에 참여하는 유럽인의 비율이 감소하는 추세다. 이 같은 경향은 종교에 대한 적대감이라기보다 종교에 대한 무관심을 반영한다. 그럼에도 불구하고 그리스도교의 사상과 가치관과 관습은 유럽의 문명 속에 스며들어 있다.

헌팅턴에 의하면, 이와 같은 현상은 유럽이 그 중심적 요소인 그리스도교를 약화시킴으로써 위기의 길로 나아가고 있음을 의미합니다.

국제 종교사회학회 회장을 지낸 영국의 종교사회학자 데이비드 마틴도 비슷한 결론을 내린 바 있습니다. 유럽에서는 종교로부터, 특히 그리스도교로부터의 해방이 현대에서 전례가 없는 상황에 이르렀다고 그는 말합니다. "유럽은 세계에서 실제로 유일하게 세속화된 대륙이 되었다"고 그는 논평합니다. 마틴에 의하면, 유럽에서 시작된 계몽운동의 영향이 이제 유럽의 모든 계층에 철저히 침투했고 그리스도교는 그 의미를 상실했습니다. 빈 출신의 미국 종교사회학자 피터 버거는 얼마 전에, 유럽은 '일종의 종교 파국'에 이르게 되었다고 결론지었습니다. 『헤럴드 트리뷴』Herald Tribune도 유럽에 관한 어느 기사에서 다소 냉담한 어조로, 오늘의 유럽은 '지구상에서 신앙이 가장 메마른 지역'이라고 결론 내렸습니다.

1992년, 독일 시사 주간지 『슈피겔』Der Spiegel은 '종교에 미래가 있는가, 신은 사라졌는가'라는 물음으로 '독일인들이 무엇을 믿고 있는지'를 알아내기 위한 여론조사를 의뢰했습니다. 『슈피겔』이 내린 결론의 제목은 '신에게 작별을 고함'이었습니다. '보라! 독일인들은 하느님에 대한 신앙을 잃었다. 그와 함께 그리스도인의 생활철학도 상실했다'는 것이 『슈피겔』의 결론이었습니다. 하지만 『슈피겔』의 편집인이 그리스도교에 대해 부정적 견해를 가지고 있다는 것은 공공연한 사실인지라 여론조사 결과에 대한 그의 해석을 의심해 볼 수는 있습니다. 편집인 개인의 견해가 반영된 해석일 수도 있기 때문입니다.

교회 생활의 어떤 측면들을 통계적으로 측정할 수는 없지만, 그렇다 해도 오늘날의 유럽 대륙에 관한 통계와 비교 수치들이 신앙생활의 현저한 쇠퇴를 반영하고 있는 현실을 우리는 받아들여야 합니다.

그런데 정반대되는 경향을 보여 주는 다른 자료도 있습니다. 아프리카와 아시아의 통계를 보면 두 대륙의 가톨릭 신자 수가 눈에 띄게 증가하는 것을 알 수 있습니다. 교황은 그리스도교 전체의 교회일치운동의 대표자로서 전 세계적으로, 특히 유럽 밖에서 대단한 존경을 받으며 언론 매체의 특별한 주목을 받고 있습니다. 시사 주간지 『타임』은 1994년에 교황을 '올해의 인물'로 뽑았습니다. 1995년 11월, 영국 일간지 「인디펜던트」The Independent는 이 혼란스러운 세상에서 교황은 우리가 의지할 유일한 닻이라고 표현했습니다. 흄 추기경이 선종했을 때도 영국에서뿐 아니라 전 세계에서 보내온 엄청난 추모와 찬사는 우리 시대의 모범이 되는 그리스도인에 대한 것이었습니다. 영국의 가톨릭과 성공회 학교들은 여전히 굉장한 인기를 누리고 있다는 소식도 들었습니다. 다른 나라들, 특히 오스트리아에서도 마찬가지입니다.

이렇게 전 세계적으로 종교 부흥을 알리는 뚜렷한 목소리가 적잖이 들려오고 있으며, 그 첫 징조가 이미 드러나고 있다고 합니다. 프랑스 종교사회학자 질 케펠이 『하느님의 복수』에서 이 같은 의견을 표명했고, 바이겔 같은 미국 역사학자들과 헌팅턴도 케펠과 뜻을 같이합니다. 헌팅턴은 "더 넓게 보면, 전 세계적으로 일어나는 종교 부활은 세속주의와 도덕적 상대주의, 방종에 대한 반동이며, 질서와 규율과 노동, 상부상조와 인간 연대의 가치를 재확인하는 것"이라고 말합니다.

젊은이들을 위한 초교파 떼제 공동체 운동은 놀라운 성공을 거두어 왔습니다. 몇 해 전 성탄절에는 동유럽과 서유럽에서 거의 10만 명에 이르는 젊은이들이 떼제 모임에 참석하기 위해 빈으로 모여들었습니다. 1997년에는 비록 동기는 다양하겠지만 1백만 명에 달하는 젊은이들이 파리에서 열린 세계 청년의 날 행사에 참석하여 교황 요한 바오로 2세를 만났습니다.

그러나 종교에 대한 이 같은 엄청난 관심은 대개 그리스도 교회 밖에서 일어나고 있습니다. 인간이란 어느 시기든지 종교적 공백을 견디지 못하는 존재임을 알려 주는 강력한 신호를 수많은 종파에서 보내오고 있습니다. 종교 연구와 실존주의 철학이 우리에게 말해 주고 있듯이 종교는 인간성의 본질이기 때문입니다. 인간이라면 누구나 하느님이나 어떤 신적 존재와의 관계를 추구합니다. 파스칼은 진리를 추구하는 인간 마음에 대한 실존적 체험을, "마음에는 이성과는 다른 제 나름의 이성이 있다"는 유명한 말로 요약했습니다. 이 말은 유럽의 사상사에서 줄곧 큰 울림을 주었습니다.

과학의 발전과 새로운 발견들에 관한 회의론이 확산되고 있는 오늘날에도 원자물리학과 천문학적 사건에 대한 관심이 높습니다. 따라서 일류 과학자들이 하느님에 관한 발언을 하면 그 말에 관심이 쏠리게 마련입니다. 1984년도 노벨 물리학상 수상자이며 유럽 원자핵 공동 연구소CERN 소장인 카를로 루비아는 1992년에 스위스 일간지 「노이에 취르허 차이퉁」Neue Zürcher Zeitung과의 인터뷰에서 다음과 같이 언명했습니다.

우리가 은하계의 수를 나열한다든가 소립자의 존재를 증명할 때, 그것이 하느님의 존재에 대한 증명은 아닐 것입니다. 하지만 과학자로서 나는 우주와 물질의 현상들 안에서 발견하는 질서와 아름다움에 깊이 감동합니다. 그리고 자연을 관찰하는 사람으로서 보다 높은 차원의 질서가 자연에 이미 존재하고 있다는 생각을 지울 수가 없습니다. 나는 이 모든 것이 우연의 결과이거나 통계적 다양성에 불과하다는 주장을 설대로 받아들일 수 없습니다. 여기에는 우주 자체의 존재를 초월하는 더 높은 차원의 지성이 존재합니다.

20세기 최고 물리학자인 알베르트 아인슈타인도 비슷한 결론을 내렸습니다. 그는 특정 종교를 믿지는 않았지만 「과학과 종교」Science and Religion라는 마지막 논문에서 이렇게 말했습니다.

> 나의 종교는 우리의 연약하고 보잘것없는 마음으로 감지할 수 있는 지극히 미세한 것들 속에서 그 자체를 드러내는 무한한 영에 대한 겸허한 경외심으로 이루어져 있다. 어떤 초월적 이성의 현존은 우리가 이해하는 우주에 이미 발현해 있어 대단히 감동적인 확신을 심어 준다. 이것이 나의 신관이다.

제2차 바티칸 공의회는 인생의 의미를 토의하면서 이 같은 과학적 주장을 보완해 줍니다. '비그리스도교 선언'에서는, 인간은 풀리지 않는 인생의 수수께끼들에 대한 해답을 다양한 종교에서 찾고 있다며 다음과 같이 말합니다(1항).

사람들은 옛날이나 오늘이나 인간의 마음을 번민하게 하는 인생의 풀리지 않는 물음에 대한 해답을 여러 종교에서 찾고 있다. 인간이란 무엇인가? 인생의 의미와 목적은 무엇인가? 선은 무엇이고 죄는 무엇인가? 왜, 무엇 때문에 고통을 겪어야 하는가? 참행복의 길은 어디에 있는가? 죽음은 무엇이고 죽은 뒤의 심판과 보상은 무엇인가? 마지막으로, 우리 삶을 에워싸고 있는 형언할 수 없는 저 궁극의 신비는 무엇인가? 우리는 어디에서 와서 어디로 가는가?

우리는 누구나 인생의 의미와 목적을 알고 싶어 합니다. 막연한 불가지론도 세속화된 환경도 인생의 풀리지 않는 신비에 답을 줄 수 없습니다. 그래서 사람들은 답을 제시해 놓은 곳이나 답을 찾을 만한 곳이면 어디든지 찾아 나서고 있습니다. 따라서 인생의 의미와 목적을 탐구하는 것은 오늘날의 철학과 문학, 정신의학이 다루고 있는 주요 문제 중 하나입니다. 빈에서는, 프로이트의 제자였으며 지금은 세상을 떠난 빅토르 프랑클이 로고테라피라 이름 붙인 자신의 치료법의 기초를 우리 존재의 의미 탐구에 두었습니다. 이러한 탐구가 하느님을 찾는 것과 똑같지는 않아도 매우 유사하다고 그는 말했습니다. 이것은 우리의 존재가 일괄적으로 지닌 어떤 의미를 찾는 것을 넘어, 개개인의 인생이 지닌 의미를 찾는 문제입니다. 다양한 문화 속에 존재하는 그릇된 종교적 표현들도 결국은 우리 존재에 관한 궁극적 물음에 대한 믿을 만한 해답, 우리 인생이 지닌 불안에 대한 해답을 갈망하는 것입니다.

비교종교학은 우리가 아는 한 종교를 가지지 않았던 백성이나 부족이 결코 없었다는 사실을 아주 분명하게 밝혀 주었습니다. 이 사실만으로도 종교는 인류와 밀접하게 관련되어 있으며 우리 존재의 중요한 부분임을 밝혀 줍니다. 비교종교학은 종교 행위가 인간의 영혼에게는 '필수 지참금'임을 증명하고 있습니다.

역사를 살펴보면 어느 시대 어느 곳에서나 원시인들뿐 아니라 여러 문명의 주요 종교들이 자기들의 하느님이나 신들에게 무언가를 알고 싶어 하며 애원하다시피 호소해 왔음을 알 수 있습니다. 인류가 삶의 흔적과 유물을 남겨 놓은 곳 어디에서나 우리는 그들이 자기네 하느님께 희생 제물을 바치고 도움을 간청했던 증거를 발견합니다. 모든 대륙 어느 시대에나 인간들은 탄원하고 찬미하며 무릎을 꿇었고 하느님께 감사하고 속죄했습니다. 그리고 그들의 애원과 기도를 명시하는 증거들을 남겨 놓음으로써 먼 후대의 우리가 그들의 가장 깊은 내면세계까지 들여다보도록 해 주었습니다.

남아메리카 티에라 델 푸에고의 야마나족의 단순한 감사 기도, 이집트의 묘비에 새겨진 애원, 조그마한 점토판에 불후의 상형문자로 쓰인 애달픈 부르짖음, 하늘을 향한 중국인들의 기원, 승리와 성공을 간청하는 그리스인들과 로마인들의 기도, 불교도의 경염불, 인도와 페르시아에서 베다 신전과 아베스타 신전에서 신들에게 바치는 찬가 등은, 바위에 새기고 점토에 쓰고 돌에 조각하여 다양한 목소리로 끝없이 바쳐 온 「영광송」입니다. 수천 년 전에 살았던 사람들이 바친 심금을 울리는 「자비송」이며 '깊은 구렁 속에서' 부르짖었던 소리입니다. 그들은 초월적 존재에게 자신들을 돕고 구원해 달라고 애원했습니다. 유사 이래 인간이 표현한 것들과 문명을 추적할 수 있는 데까지 거슬러 올라가 보면, 애원하고 기도하는 인간의 흔적과 목소리를 언제 어디서나 만나 볼 수 있습니다.

 이제는 반대로, 하느님 찾기를 포기한 채 더 이상 기도하기를 거부하며 끊임없이 하느님을 공격하는 어떤 사람의 심금을 울리는 비탄의 목소리를 들어 봅시다. 이 사람은 프리드리히 니체입니다. 하느님을 죽이고 인간을 하느님의 자리에 앉히려 했던 그는 스스로에게 이렇게 말합니다.

그대,
다시는 기도하지 않고
다시는 흠숭하지 않고
다시는 무한히 신뢰하지 않을 것이다.
그대의 생각을 가다듬기 위해
궁극의 지혜, 궁극의 선, 궁극의 힘 앞에
머물기를 허락지 않을 것이다.
그대의 일곱 가지 고독을 달래 줄
항구한 후견인도, 벗도
이제 그대에게는 없으리라.
봉우리에는 눈이 덮이고

> 속에서는 불이 타오르는 산들을
> 그대는 보지 못한 채 살아가리라.
> 그대에게 복수하려는 이가 이제 더는 없고
> 끝끝내 그대를 도우려는 이도 더는 없으리라.
> 그대에게 일어나는 일에는 아무런 이유도 없고
> 아무런 관심도 없으리라.
> 이제는 그대의 가슴에 안식처를 두지 않을 것이다.
> 보이는 것 외에 무엇을 찾아 헤맬 것인가.
> 그대는 어떠한 궁극적 평화도 거부하리라. …
> 그 힘을 누가 그대에게 줄 것인가?
> 아직 아무도 그러한 힘을 갖지 못했거늘.
>
> _프리드리히 니체 『즐거운 학문』 아포리즘 285

이것은 스스로 하느님의 자리에 앉으려다가 그 과정에서 파멸한 사람의 목소리입니다. 새 천 년을 맞이하는 우리 그리스도인들에게 이러한 모순되는 견해가 무슨 의미가 있습니까? 한편에는 신앙 공동체인 교회를 많은 이가 떠나가는 현실을 반영하는 통계 수치가 있고, 다른 한편에는 이처럼 하느님을 갈망하는 현실이 우리 앞에 놓여 있습니다.

그리스도 교회들이 현재 쇠퇴하고 있는 이유는 무엇입니까? 사회에 책임이 있습니까? 아니면 그리스도 교회들이 시대의 징표를 이해하지 못하거나 이해하려 들지 않아서 교회의 메시지를 전하지 못하기 때문입니까? 아니면 그리스도인들 자신의 탓입니까?

맨 먼저, 우리 사회에 책임이 있는지 살펴보겠습니다.

20세기의 우리 사회는 일찍이 볼 수 없었던 다원적이고 다문화적인 사회가 되었습니다. 광범위한 변화가 도처에서 일어나고 있는 것을 알 수 있습니다. 과학과 기술은 우리의 삶을 근본적으로 바꾸어 놓았습니다. 두 차례의 세계대전은 유럽을 파괴했고, 그럼으로써 20세기 초, 과학의 발전이 종교를 대치할 것이라고 철석같이 믿었던 신념이 흔들리기 시작했습니다.

그리스도교 신앙에 대한 관심의 감소를 보여 주는 통계를 오늘날 우리처럼 알지 못했던 35년 전에 이미 제2차 바티칸 공의회는 이렇게 밝혔습니다.

> 역사 자체의 흐름도 개인이 따라가기 어려울 정도로 급격히 빨라지고 있다. 인류 사회는 이제 하나의 공동 운명을 지니게 되어, 더 이상 여러 가지 역사로 흩어질 수 없다. 이렇게 인류는 정적인 세계관에서 더욱 역동적이고 발전적인 세계관으로 넘어가고 있다. 여기에서 수많은 문제들의 방대하고 새로운 복합성이 출현하며, 이는 새로운 분석과 종합을 요구한다(사목 헌장 5항).

이어서 사목 헌장 9항은 "인간은 스스로 불러일으킨 힘들이 인간을 억압할 수도 있고 인간에게 봉사할 수도 있으므로 그 힘들을 바르게 다스리는 것이 인간 자신의 책임임을 깨닫게 된다"고 언급했습니다. 이와 같이 공의회는 새 천 년 초기에 일어날 극적인 사회 변천을 예견했습니니다. 그리고 두 번째 천 년 말기에 공의회가 했던 예측이 옳았음이 증명되었습니다. 즉, 언제나 더욱 큰 자율성을 얻고 싶은 욕망에서 개개인은 점점 더 자기 자신에게만 의존하게 되었고 어떠한 체제도 불신하며 권위에 도전합니다. 그 결과, 한편으로는 불안감이 확산되고 인간 상호 간의 연대 의식을 잃어버렸습니다. 그리고 다른 한편으로는 이기주의와 오만으로 국가와 사회에 대한 비판이 증폭되었으며, 그리스도교 신자들의 공동체로서 그 역할을 하는 교회도 그러한 비판을 면치 못했습니다.

여론도 변화를 겪었습니다. 과거에 견고하게 구성된 체제에서 질서가 안정되었던 사회는 동적이고 융통성 있는 미디어 사회로 대체되었습니다. 가치관의 변화도 전반적으로 확산되어 가고, 결혼과 가정이 특히 영향을 받고 있습니다. 1960년대 이후 자유와 독립은 젊은 세대의 슬로건이 되었습니다. 그러나 자기 자신과 타인에 대한 책임이 결여된 자유는 허약합니다.

겉으로 뚜렷이 나타나지는 않지만, 언론 매체의 양면적 힘은 다문화 사회의 여론 형성에 결정적 역할을 하게 되었습니다. 오늘날에는 지역에서 발생한 사건들이 통상 세계적 차원으로 확대 보도되고, 단순한 사건이 일반화되기도 합니다. 누구나 스스로 완벽한 정보를 얻었다고 확신하면서 자신과 아주 동떨어진 사건들에 대해 논평하고 비판할 수도 있습니다. 모든 것이 유동적이기에 무슨 일이든 가능할 것 같아 보입니다. 한편으로는 전 세계적인 정보 접근에 의해 지식과 경험이 확산되고, 타인을 도우려는 선의가 새롭게 촉진되고 있습니다. 또 한편으로는 '악의 힘이라는 이미지', 곧 무자비하고 폭력적인 분위기가 언론 매체의 영향력에서 비롯되는 경우가 많다는 우려도 있습니다. 대화보다는 힘으로 분쟁을 해결하는 것이 더 쉽다는 신념이 점점 더 강해져 가고 있는 것 같습니다. 이러한 분위기 속에서 그리스도교가 설 자리는 과연 어디이겠습니까?

둘째로, 이러한 쇠퇴 현상이 교회의 잘못 탓인지 살펴봅시다.

언론 매체가 교회의 세속적 측면만을 다룸으로써 교회 생활의 불안이 급격히 가속화되고 있습니다. 이처럼 언론의 일방적 보도로 확산된 교회와 그리스도교 신앙에 대한 부정적 이미지는 불균형하게 부풀려지고 있습니다. 이 같은 시나리오에 직면한 교회 지도자들은 점점 더 불안해졌습니다. 어떤 이는 이러한 복잡한 상황에서 뒤로 물러나 관심을 교회 내부로만 돌리려 애를 씁니다. 이들은 자기 성찰에 몰두하면서 구조 개혁을 시도합니다. 공의회 이후의 토론들에서 '보수'와 '진보'가 양분됨에 따라 이런 경향이 더욱 심화되는 추세입니다. 교회 내부만 들여다보는 일종의 '교회의 외골수' 현상이 생겨나는 것입니다.

그러나 모든 그리스도 교회, 특히 가톨릭교회의 주요한 관심사 가운데 교회의 대중적 이미지가 최우선이 되어서는 안 된다는 것을 나는 교회의 이름으로 말합니다. 교회의 주요 관심은 어느 정도는 융통성 있고 어느 정도는 확고한 입장에서 한결같이 복음 메시지를 전하는 것이어야 합니다. 그러므로 나는 오늘날과 같은 세상에서 나의 메시지를 전하는 과업을 어떻게 완수할 것인가라는 물음에 직면해 있습니다. 이것은 쉬운 일이 아닙니다. 주교들과 사제들 그리고 평신도들 사이의 진지한 협력이 과거보다 훨씬 더 절실합니다. 이 점에서 제2차 바티칸 공의회 역시 이 같은 협력의 필요성을 거듭 강조했습니다. 교회 헌장 33항에서 말하는 바와 같이, "평신도들은 특별히 교회가 오로지 평신도를 통해서만 세상의 소금이 될 수 있는 그러한 장소와 환경 안에서 교회를 현존하게 하고 활동하게 하도록 부름 받고 있습니다".

그리고 이런 것 역시 교회 지도자들이 무수히 많은 다양성에 대해 두려워하지 말아야 할 이유이기도 합니다. 과거에는 그들이 이것을 두려워하느라 과도하고 방어적인 중앙집권과 관료주의에 빠져들었습니다. 제2차 바티칸 공의회 이후, 가톨릭교회가 장차 다가올 특별한 문제에 직면하리라는 사실이 점점 더 분명해졌습니다. 본당이나 교구의 가톨릭 신자들은 중앙의 교회 지도자들로부터 확신이나 위로를 받지 못하면 풀이 죽습니다. 그리고 교황이 몸소 쓴 문서나 회칙 이외에(나는 이 점을 강조하고 싶습니다) 로마에서 쏟아져 나오는 수많은 문서에서 오류와 이단에 대한 경고가 주를 이룰 때 낙담합니다. 가톨릭 신자들은 격려를 기대하며 일치와 다양성의 표징으로서 서로 간의 정보 소통을 바라고 있습니다.

이러한 이유로, 급격히 변하는 세상에서 가톨릭교회의 일치를 보존하기 위해 교회에 어떠한 지도자의 모습이 필요하며, 세 번째 천 년의 문턱에서 그 일치를 심각하게 위협하지 않는 범위 내에서 어떤 다양성을 지닐 수 있는가 하는 문제가 오늘날 줄곧 제기되어 왔습니다. 교황 요한 바오로 2세가 이 문제를 알고 있었다는 사실이 그의 회칙 「하나 되게 하소서」(1995)에 분명히 드러나 있습니다. 이 회칙에서 그는 주교단과 교황 사이의 유대를 강조함으로써 이 문제를 상기시켜 줍니다. 그는 '로마의 주교는 주교단의 일원이며, 주교들은 직무에 있어서 그의 형제들'이라고 말하고 있습니다.

교회의 다양성을 위해서는 교회 생활의 모든 분야와 모든 문제에 (성령을 믿고) 너그럽게 여유를 가져야 합니다. 신자들의 공동체는 가족과 본당에 뿌리를 두고 있습니다. 거기서 사람들은 공동체로 성장하고 세례와 성사들을 통해 그리스도인이 됩니다. 이들 살아 있는 소규모 공동체들이 그리스도교에 대한 지식과 성인을 위한 기본적 종교교육(교리교육) 및 신의가 두터운 연대 의식으로 교회의 조직망을 형성합니다. 복잡한 시대를 사는 이 조직망은 세계 교회라는 더 큰 조직으로부터 정보와 소통, 지원, 격려를 필요로 합니다. 보조성의 원리에 따라, 이런 도움은 독재적인 것이 아니라 보조적인 것이어야 합니다. 그럼으로써 교회 공동체의 연대성이 성장해 나갈 것입니다.

그럼 마지막으로, 그리스도인들 자신에게는 어떠한 책임이 있는지 살펴보겠습니다.

하느님은 살아 있는 사람들을 창조하셨지, 조직체들을 창조하신 것이 아닙니다. 결국, 우리가 다루고 있는 것은 언제나 사람입니다. 우리 인간이 실패하면 아무리 좋은 조직체라도 도움이 되지 않습니다. 예수님이 이스라엘에서 가르칠 때 하신 말씀은 바로 이런 뜻이었습니다. 그분은 산상수훈에 이어 마태오 복음 5장 13절 이하에서 말씀하셨습니다. "너희는 세상의 소금이다. 그러나 소금이 제 맛을 잃으면 무엇으로 다시 짜게 할 수 있겠느냐? 아무 쓸모가 없으니 밖에 버려져 사람들에게 짓밟힐 따름이다. 너희는 세상의 빛이다. 산 위에 자리 잡은 고을은 감추어질 수 없다. … 너희의 빛이 사람들 앞을 비추어, 그들이 너희의 착한 행실을 보고 하늘에 계신 너희 아버지를 찬양하게 하여라." 그리고 마지막으로 "나의 이 말을 듣고 실행하는 이는 모두 자기 집을 반석 위에 지은 슬기로운 사람과 같을 것"이라고 하셨습니다.

이 말씀은 하느님의 말씀을 토의하고 해설하는 것으로 충분하지 않다는 것을 의미합니다. 즉, 우리는 무엇보다 삶으로써 그 말씀을 실행하고 증언해야 합니다. 무슨 굉장한 해법도 없고 비결도 없습니다. 교회와 교회 안의 신자들 자신이 신뢰할 수 있는 해석자가 되어야 하고 인류를 위한 하느님 사랑의 증인이 되어야 합니다. 이것이 자신들의 주변을 변화시킨 마더 데레사 수녀나 막시밀리안 콜베 신부 같은 이들의 비결입니다. 그러므로 그리스도교와 교회는 새로운 어떤 것을 만들어 낼 필요가 없습니다. 우리는 말로써보다는 오히려 생활로 사랑을 증언함으로써 같은 복음을 계속 선포해 나가기만 하면 됩니다.

제2차 바티칸 공의회는 세상을 이해하려는 공의회의 노력을 강조하기 위해서, 현대 세계의 교회에 관한 위대한 사목 헌장의 첫머리를 다음과 같이 그리스도교의 인도주의에 대한 새로운 진술로 시작했습니다. "기쁨과 희망, 슬픔과 고뇌, 현대인들 특히 가난하고 고통받는 모든 사람의 그것은 바로 그리스도 제자들의 기쁨과 희망이며 슬픔과 고뇌이다. 참으로 인간적인 것은 무엇이든 신자들의 심금을 울리지 않는 것이 없다"(사목 헌장 1). 훌륭한 추진력을 지녔던 공의회는 우리가 익히 알아 두어야 할 교회의 미래를 위한 준비를 공의회 문헌에 제시했습니다다. 여기서 몇 가지 중요한 내용만 말씀드리면, 교회의 새로운 모습, 교회일치를 촉진하기 위한 노력, 사제와 평신도의 협력, 종교 간 대화를 통해 그리스도교의 관점에서 보는 주요 종교들의 중요성, 그리고 마지막으로 종교 자유에 대한 강조입니다.

요약하면 이렇습니다. 4세기에 콘스탄티누스 황제의 개종 이후 줄곧 세상의 존경과 지지를 받아 왔던 유럽의 그리스도교 공동체가 오늘날에 이르러 무신론과 무관심, 심지어 적대적 환경에 의해 자주 뒤로 밀려나 따돌림을 받고 있습니다. 그래서 처음에 그것이 스스로 생겨났을 때처럼, 신적 요소와 인간적 요소에서 생성되어 온 자력에 맡겨지게 되었습니다. 콘스탄티누스의 교회가 남긴 자취들은 사라져 가고 있는 것 같습니다. 그리고 우리는 콘스탄티누스 시대의 전환기와 같은 근본적인 제2의 전환기에 직면해 있습니다. 저항의 찬바람을 맞고 세계적으로 결합된 그리스도교 공동체는 이제 다시 한 번 세상의 소금과 산 위의 등불이 되어 가고 있습니다. 산 위에서 비추는 빛이 되고 짠맛을 잃지 않는 소금이 되라는 소명은 그리스도인의 삶에 영원히 유효한 것이기 때문입니다.

마지막으로, 삶으로 증언하는 것을 가장 중요하게 여겼던 한 사람의 목소리에 귀를 기울여 봅시다.

> 어두운 세상에 빛처럼 비추십시오. … 우리 삶이 진실로 빛을 발했더라면 이런 말을 할 필요가 없었을 것입니다. 우리가 행동으로 말했더라면 말로 할 필요가 없었을 것입니다.

우리가 진정한 그리스도인이었더라면, 우리가 그리스도의 계명을 지켰더라면 이교도는 없었을 것입니다. 그러나 우리는 이교도들과 마찬가지로 돈을 사랑합니다. 사실은 그들보다 더 사랑합니다. 우리는 그들만큼 죽음을 두려워합니다. 그런데 어떻게 그들이 우리의 신앙을 납득하겠습니까? 기적으로? 이제 기적은 없습니다. 우리의 행동으로? 행동이 올바르지 않습니다. 사랑으로? 사랑은 자취를 감추었습니다. 그러니 우리는 언젠가 우리 죄에 대한 책임뿐 아니라 우리가 입힌 피해에 대해서도 책임을 져야 할 것입니다.

이처럼 강력하게 자신의 우려를 표명한 사람은 5세기 성 아우구스티누스와 동시대 사람으로 콘스탄티노플의 총대주교였던 성 요한 크리소스토무스였습니다.

초기 그리스도교 시대를 살았던 크리소스토무스의 이 말은 새 천 년을 시작하는 다문화 사회의 우리에게도 고스란히 적용됩니다. 말만으로는 충분하지 않습니다. 인간, 그리고 인간이 무엇을 하느냐가 결정적 요인입니다.

옮긴이의 말

제2차 바티칸 공의회의 준비위원이었던 쾨니히 추기경은 공의회를 성공적으로 운영한 주역 가운데 한 분이다. 그는 세상과의 대화 및 교회 내 대화를 촉구한 제2차 바티칸 공의회 정신에 투철했다.

1960년대와 70년대, 그 엄혹했던 냉전 시대에 쾨니히 추기경은 철의 장막 뒤에서 박해받는 신자들을 만나고 그곳 정부와도 접촉하는 대화의 선구자였다. 중립국인 오스트리아 빈의 대주교라는 그의 자리가 도움이 되었다. 그는 동유럽의 유고슬라비아, 폴란드, 헝가리, 루마니아를 방문했고, 소련의 모스크바, 아르메니아, 그루지야를 찾았으며, 터키와 이집트에 이어 중국 베이징까지 가서 애국 교회 신자들을 만나고 정부 당국자와 대화했다.

추기경은 자신의 경험담을 통해 대화의 자세와 마음가짐, 주의점들을 진솔하게 들려준다. 대화의 전제 조건으로는 "상호 존중이 필요하고 서로 대화하려는 데 상응하는 선의가 있어야 한다"고 강조한다.

우리나라는 무려 65년이나 남북이 분단된 채 60년 동안 휴전 상태로 남아 있다. 세계에서 유례가 없는 이 상황은 남북의 독재 정권이 정권 안보를 위해 국가 안보를 핑계로 긴장을 조성하고 적개심을 지펴 온 탓이 큰 것 같다. 통일에 대한 철학이나 의지가 없는 정권이 쉽게 동원한 속임수는 수많은 간첩 조작과 이른바 '총풍'과 같은 것이었다. 이산가족 상봉에서 보았듯이 민초들 간에는 아무런 적의가 없었다.

그동안 바람직한 대화도 있었고 결실도 있었다. 특히 2000년 6·15 공동선언과 2007년 10·4 선언은 남북이 화해 협력을 다짐한 평화 선언으로 유엔 등으로부터 국제적 지지를 받았다. 2005년에 남북한, 미국, 중국, 일본, 러시아가 참여한 6자 회담에서 합의한 9·19 공동성명은 북한의 핵 포기, 북한과 미국의 관계 정상화, 북한에 대한 경제 지원, 동북아 평화 안보 체제 구축을 담고 있었다.

그런데 이 같은 선언과 성명을 무시하고 이행하지 않음으로써 대화의 통로조차 꽉 막혀 버렸다. 진정성이 결여된, "대화의 문은 항상 열려 있다"는 구두선口頭禪은 상대를 보고 무릎을 꿇라는 조롱일 뿐이다.

쾨니히 추기경의 경험담은 미국과 북한이 무력시위를 하는 치킨 게임으로 일촉즉발의 상황에 놓인 우리의 현실에서 새겨들을 가치가 있다. 전쟁은 공멸이다. "가장 나쁜 평화라도 가장 좋은 전쟁보다 낫다"고 했다. 어떤 대가를 치르더라도 전쟁은 피해야 하고 평화를 얻기 위해서는 대화가 필요하다. 그만큼 이 책의 출판이 시의적절하다는 느낌이 든다.

2013년 4월
허종열